전 국민 영어 말하기 혁명

New 국민영어법
STARTER

S 시원스쿨닷컴

전 국민 영어 말하기 혁명
국민영어법 STARTER

초판 1쇄 발행 2023년 9월 11일

지은이 이민호
펴낸곳 (주)에스제이더블유인터내셔널
펴낸이 양홍걸 이시원

홈페이지 www.siwonschool.com
주소 서울시 영등포구 국회대로74길 12 시원스쿨
교재 구입 문의 02)2014-8151
고객센터 02)6409-0878

ISBN 979-11-6150-765-1
Number 1-120101-18181800-06

이 책은 저작권법에 따라 보호받는 저작물이므로 무단복제와 무단전재를 금합니다. 이 책 내용의 전부 또는 일부를 이용하려면 반드시 저작권자와 ㈜에스제이더블유인터내셔널의 서면 동의를 받아야 합니다.

대한민국 영어 학습자들에게

영어가
[고통]이 아닌 [소통]이 되길,
[점수]가 아닌 [박수]가 되길,
[정복]이 아닌 [행복]이 되길,

마음속 깊은 곳에서
언어의 즐거움을 찾고 있는
당신께 바칩니다.

"나는 바보인가?"

학창 시절 영어 공부를 하면서 제가 수없이 되뇌던 말입니다. 『성문』이나 『맨투맨』의 한 챕터조차 제대로 이해해 본 적이 없으니까요. 저는 '동명사, to부정사' 등 문법 용어를 10년 가까이 들어도 이해가 안 갔습니다. 그런데 이처럼 영문법 부진아였던 저에게 큰 변화가 있었습니다. 바로 2010년 대한 민국 최고의 영어 강사를 선발하는 오디션 프로그램에서 우승을 한 것입니다. 외국에서 5~10년 이상 살다 온 경쟁자들 속에서 영문법 부진아가 우승을 하다니요! 영어 "때문에" 못 살 것 같던 한 사람이 이제는 영어 "덕분에" 먹고 살고 있습니다. 어떻게 이런 일이 가능했을까요? 바로,

'배움의 즐거움'을 깨닫고
배움의 즐거움을
'영어에 접목'했기 때문입니다.

어려운 용어가 많은 문법책, 두꺼운 토익 문제집을 과감히 덮었습니다. 그리고 쉬운 영어라도 좋으니 마치 어린아이가 말을 배우듯 주변 사물, 상황들을 하나하나 영어로 말해 보려 노력했죠. '관계대명사'라는 용어를 외우는 대신 "This is the song **that my mom likes**!(이거 **우리 엄마가 좋아하는** 노래야!)"라고 말할 수 있어 **기뻤습니다**. 'to부정사의 부사적 용법'이란 용어를 아는 것보다 "I was born **to love you**.(나는 **너를 사랑하기 위해** 태어났어.)" 라는 말을 할 수 있게 되어 **즐거웠습니다**.

『국민영어법』은
영어를 포기하게 만드는 골치 아픈 용어 대신
'읽고 말하는 데 필요한 규칙'을 알려드리고자
저의 진심을 담아 만든 콘텐츠입니다.

제가 공부하며 깨달은 것들을 『국민영어법』에 깨알같이 담았습니다. 우리 말과 영어의 차이점을 바탕으로 3분 카레처럼 간편하게 언어를 활용할 수 있는 실용적인 문법을 제시했습니다. 한글을 아는 사람이라면 누구라도 쉽게 이해할 수 있는 **쉬운 말로 정리하려고 노력**했습니다.

언어는 그 마음을 담아내는 그릇이라고 생각합니다. 여러분의 마음속에 있는 것들을 '영어'라는 말로 담아내는 데 이 책이 도움이 되었으면 합니다. 영어가 능력의 상징이나 인생의 장애물이 아닌, 사람과 사람을 이어주는 소통의 도구가 될 거라고 믿습니다. 『국민영어법』과 함께 영어를 즐길 수 있게 되면, 일상 영어, 비즈니스 영어는 물론 토익, 토플, 공무원 영어, 오픽, 토익스피킹 등의 시험까지 앞으로 여러분이 어떤 영어 공부를 하든 재미와 더불어 성과도 가져가실 수 있을 것입니다. 제가 그랬고, 저와 함께 공부해 온 많은 분들이 성공했듯이,

이제는 여러분의 차례입니다.

– 국민영어법 이민호 올림 –

추천사

문단열

〔전〕 EBS <잉글리쉬 카페> 진행자

이민호다운 책이다. 늘 초보자의 입장에서 고민하고, 자신만의 커리큘럼을 갖추기 위해 노력하며, 진심으로 학생들을 대하는 그는 좋은 영어 강사이면서 참 좋은 사람이다. 이 책은 이런 그의 진정성이 고스란히 담겨서 읽는 내내 입가에 미소를 짓게 했다. 독자들이 조금이라도 쉽게 이해할 수 있게 노력한 저자의 고군분투와 일상에서의 실질적 활용으로 이끌어 준 세심한 배려가 느껴진다. 항상 사랑이 가득한 마음으로 학생들을 대하기에 학생들에게 진심으로 사랑 받는 그가 이제 더 많은 이들의 사랑을 받는 영어 교육인으로 성장해 갈 것을 믿는다. 그리고 영어의 뿌리인 문법을 세울 이 책이 <국민영어법>이란 제목처럼 많은 이들의 영어 고민을 술술 풀어 주기를 기대한다!

이종학

〔주〕케쌤영어 대표

지루하고, 어려운 문법을 어쩜 이렇게 만화책을 보듯 재미있게 재구성했는지 같은 영어 강사로서 정말 놀라울 따름입니다. 사람과 인생을 따뜻한 감성과 행복이라는 가치로 풀어내는 그만의 아름다운 언어에 늘 감동합니다. 항상 돈보다 사람이 먼저인 참된 교육자인 이민호 선생님의 철학이 담긴 영어책 같습니다. 영어 공부에 지친 분들께 한줄기 희망의 빛을 던져 주는 책이 되리라 믿습니다.

6

김태경

[전] EBS <입이 트이는 영어> PD

이민호 선생님은 에너지 가득한 사람이다. 즐겁게 연구하고 그 결과를 학생들과 아낌없이 나누며 행복해하는 모습을 곁에서 오랫동안 지켜보았다. 현장 수업을 직접 들을 수 없는 사람들에게는 이 책이 그의 열정과 도전을 공유할 수 있는 소중한 기회가 될 거라 생각한다. 영어에서든, 인생에서든 늘 탐험가처럼 도전을 멈추지 않고 발전하는 그와 함께, 살아있음을 느껴보시길 바란다. 이보다 더 쉬울 수 없을 것 같은 친근한 문법 설명과 당장 써먹고 싶어지는 실용 예문 등 배움의 즐거움을 만끽할 수 있는 최고의 영어 학습서이다.

New 국민영어법

여러분,
아래에 나온 세 가지 표현을
한번 영작해 보시겠어요?

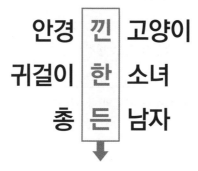

안경은 **glasses**고 고양이는 **a cat**인데··· [끼]이 영어로 뭐지?

귀걸이는 **an earring**이고 소녀는 **a girl**인데... [한]이 영어로 뭐지?

총은 **a gun**이고 남자는 **a man**인데... [든]이 영어로 뭐지?

사전을 뒤져봐도 딱 맞는 단어가 안 나오는데....?

놀라지 마세요. [낀, 한, 든]은 모두 한 개의 영단어로 표현할 수 있습니다. 바로 [with]입니다. 엥? [with]의 뜻은 [함께]인데 어떻게 [낀, 한, 든]이라고 쓰여? 라고 생각하시는 분들, 국영법에선 [with]를 아래와 같이 알려 줍니다.

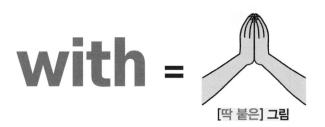

안경이
(얼굴에) 딱 붙은 **고양이**

귀걸이가
(귀에) 딱 붙은 **소녀**

총이
(손에) 딱 붙은 **남자**

**A cat
with glasses**

**A girl
with an earring**

**A man
with a gun**

정말 놀랍도록 쉽고 명쾌하지 않나요? 10년을 공부하고도 영어로 말 한 마디 못하는 영포자들에게 한줄기 빛이 될 [새로운 대한민국 기초 영어 말하기 교과서 New 국민영어법]! 이제 그 즐거운 배움을 여정을 시작해 보겠습니다.

전 국민 영어 말하기 혁명
New 국민영어법 Start!

책의 구성 & 특징

전 국민 영어 말하기 혁명!
New 국민영어법 학습 로드맵

1 "영어 공부 10계명" 새기기

영어 배움의 여정을 시작하기 전, 처음부터 끝까지 순조로운 여정이 지속될 수 있도록 올바른 방향성을 제시하는 '영어 공부 10계명'을 가슴속에 새깁니다.

2 "말 이미지 연상" 학습

[with = 함께]와 같이 1:1 해석이 아닌, [with = 딱 붙은 그림]과 같이 '말을 이미지로 연상하는 학습법'을 통해 필수 표현들을 모국어처럼 자연스럽게 흡수합니다.

3 "600문장 영작" 연습

이미지 연상법을 통해 내 것으로 흡수한 필수 표현들로 대표 문장 200개부터 응용 문장 400개까지, 총 600개의 문장들을 영작하며 말합니다.

4 "5·5·5 영어 말하기" 훈련

600개의 문장들을 '발음'에 집중해서 5번, '억양'에 집중해서 5번, '내 것'처럼 5번씩 말하는 반복 훈련을 통해 원어민처럼 말하는 영어 입근육을 만듭니다.

1 성공적인 영어 배움을 위한
"영어 공부 10계명" 새기기

대한민국·기초영어말하기·교과서

국민영어법

영어공부
10계명

01 양이 차면 질이 변한다
02 질문하라
03 발음은 외모다
04 가슴으로 말하라
05 태도가 전부다
06 불안을 알아차려라
07 영어, 정복이 아닌 행복이다
08 동료, 동기를 칭찬하라
09 힘들면 쉬어라
10 반드시 성공한다

　같은 일도 '잘못된 방법'을 쓰면 실패하는 결과를, '별로인 방법'을 쓰면 불만족스러운 결과를, '가장 효율적인 방법'을 쓰면 최상을 결과를 냅니다. 따라서 국영법은 여러분의 영어 배움이 지금까지의 실패를 반복하지 않고 '최상의 결과'를 낼 수 있도록 '영어 공부 10계명'을 통해 성공적인 영어 배움에 필요한 제대로 된 공부 방법 및 태도를 알려 드립니다.

01 양이 차면 질이 변한다	02 질문하라	03 발음은 외모다	04 가슴으로 말하라	05 태도가 전부다
06 불안을 알아차려라	07 영어, 정복이 아닌 행복이다	08 동료, 동기를 칭찬하라	09 힘들면 쉬어라	10 반드시 성공한다

2 영어를 모국어처럼 자연스럽게 흡수하는
"말 이미지 연상" 학습

[with]는 사전에서 [함께]라는 뜻을 포함해 약 17가지 뜻으로 소개되지만, 국영법에선 [딱 붙은] 그림 이미지 하나로 정리됩니다. 따라서 [안경 **낀** 고양이 → 안경이 **(얼굴에) 딱 붙은** 고양이 → a cat **with** glasses]와 같은 접근이 가능하죠. 이처럼 국영법은 1:1 해석을 벗어나 **이미지로 연상하고 각인하는 학습법**을 통해 영어를 모국어처럼 자연스럽게 흡수합니다.

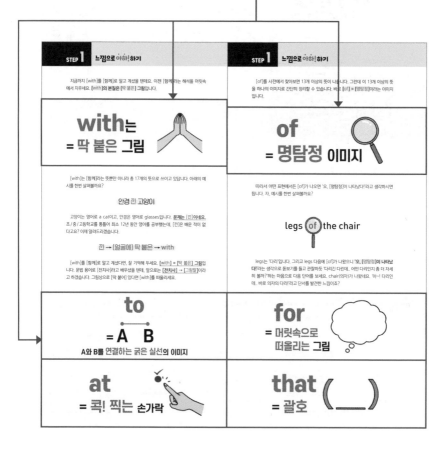

12

3 내 것으로 흡수한 필수 표현들로 "600문장 영작" 연습

필수 표현들을 내 것으로 흡수한 뒤엔 문장 600개를 영작합니다. 처음엔 각 표현별로 대표 문장 10개를 영작합니다. 이때 그림을 보고 말 이미지를 연상하며 영작하면 효과적입니다. 그리고 대표 문장 10개 영작을 끝마친 뒤엔 응용 문장 20개까지 영작하며 표현을 완전한 내 것으로 만듭니다. (총 20개 필수 표현을 활용해 대표 문장 200개 + 응용 문장 400개 = 총 600개 문장 영작)

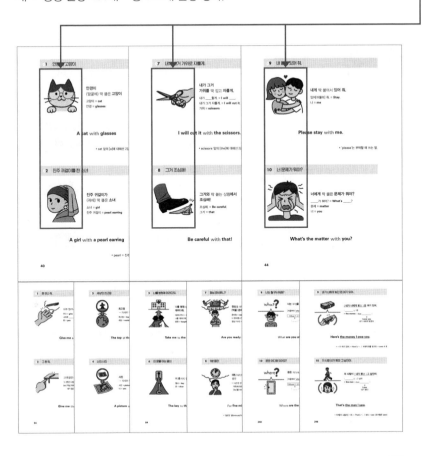

4 600문장이 입에 착 붙는 "5·5·5 영어 말하기" 훈련

영작한 600개 문장들이 '제대로 된 영어 소리'가 되어 입밖으로 나올 수 있도록 '5·5·5 영어 말하기' 훈련을 합니다. 실제 원어민이 녹음한 MP3를 듣고 '발음에 집중해서 5번 → 억양에 집중해서 5번 → 내 것처럼 매끄럽게 5번'을 따라 말하며 영어 입근육을 만듭니다. (MP3는 시원스쿨 홈페이지에서 다운로드하거나 교재에 수록된 QR코드를 휴대폰으로 스캔해서 청취 가능)

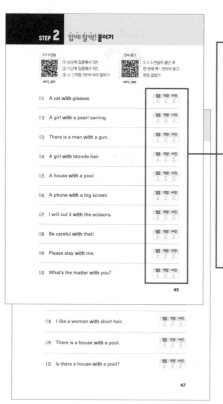

▶ Step 1 발음에 집중해서 5번

표현 및 문장을 구성하고 있는 각 단어의 정확한 발음에 집중하며 또박또박 천천히 따라 말합니다.

▶ Step 2 억양에 집중해서 5번

표현 및 문장이 가지고 있는 억양에 집중하며 좀 더 빠른 속도로 리드미컬하게 따라 말합니다.

▶ Step 3 내 것처럼 매끄럽게 5번

발음과 억양을 연습한 후, 이번엔 감정까지 실어 마치 원어민이 된 듯 매끄럽게 따라 말합니다.

New 국민영어법은 [1권] Starter & [2권] Booster 총 2권으로 구성되어 있습니다.

[1권] New 국민영어법 Starter

영어에서 가장 기본이 되는 어휘＋어법 및 기초 표현＋문장 600개를 마스터하도록 설계돼 있으며, 시원스쿨 'New 국민영어법' 온라인 강의 [1강~20강]에 해당합니다.

[2권] New 국민영어법 Booster

중상급 수준에 필수적인 영어 개념 및 중상급 표현＋문장 600개를 마스터하도록 설계돼 있으며, 시원스쿨 'New 국민영어법' 온라인 강의 [21강~40강]에 해당합니다.

New 국민영어법은 온라인 강의(유료)와 함께 학습하시면 효율이 극대화됩니다.

본 교재는 저자가 직접 가르치는 'New 국민영어법' 온라인 강의와 함께 학습 가능하며, 시원스쿨 홈페이지(siwonschool.com)에 접속 → 회원 가입 → 결제 후 수강 가능합니다.

목차

New 국민영어법 Starter 진도표

학습 내용	학습 날짜	체크
국민영어법 영어 공부 10계명	_____년 __월 __일	☐
01 with	_____년 __월 __일	☐
02 a, the	_____년 __월 __일	☐
03 of	_____년 __월 __일	☐
04 to	_____년 __월 __일	☐
05 for	_____년 __월 __일	☐
06 at	_____년 __월 __일	☐
07 on	_____년 __월 __일	☐
08 in	_____년 __월 __일	☐
09 by	_____년 __월 __일	☐
10 take, have, put	_____년 __월 __일	☐
11 get	_____년 __월 __일	☐
12 give, make, hear	_____년 __월 __일	☐
13 Be동사 부정문	_____년 __월 __일	☐
14 일반동사 부정문	_____년 __월 __일	☐
15 Be동사 의문문	_____년 __월 __일	☐
16 일반동사 의문문	_____년 __월 __일	☐
17 that (1-괄호)	_____년 __월 __일	☐
18 that (2-사연접착제)	_____년 __월 __일	☐
19 that (3-생략하기)	_____년 __월 __일	☐
20 that (4-이상형 말하기)	_____년 __월 __일	☐

대 한 민 국 · 기 초 영 어 말 하 기 · 교 과 서

국민영어법

영어공부
10계명

1억 상금
영어 강사 오디션
우승자가 알려 주는

국 민 영 어 법

영어공부
10계명

영어를 배우는 일은 즐거움이었습니다. 처음부터 그랬던 건 아니고요. 지금부터 그 이야기를 나누려고 합니다. 저는 지난 17년간 영어 강사로 일하고 있습니다. 그리고 수많은 학습자들을 만나면서 큰 차이를 보았습니다. 어떤 분들은 기초 영어 말하기를 잘 마스터한 뒤 외국에서 일을 하고 계시고, 어떤 분들은 안타깝게도 여전히 새로운 기초 영어 말하기 수업을 찾아서 듣고 계십니다.

제가 좀 놀랐던 사실이 있는데요. 영어를 삶의 기쁨이자 무기로 만든 사람들의 출발점이 결코 남들보다 앞섰던 것이 아니라는 것이었습니다. 저는 이런 장면들을 수년간 목격하며,

'언어를 대하는 마음의 태도라는 것이 있구나'

라고 생각하게 되었습니다. 타고나는 것은 어쩔 수 없지만, '어쩔 수 있는' 영역에서는 '태도'가 엄청난 차이를 만들더군요. 눈이 크다, 귀가 크다, 이런 건 타고나는 거잖아요. 기초 영어 말하기를 마스터하는 것은 '좋은 태도'를 가진다면 누구나 가능한 일이라는 것을 알게 되었습니다.

운전면허를 따려고 처음 운전을 배울 땐 어색하기도 하고, 도로에 나간다는 사실이 두렵기도 하지만 해 보겠다는 마음을 먹고 기본 조작법을 배운 뒤 도로 연수를 하면 누구나 운전할 수 있게 됩니다. 레이싱 대회에서 우승하자는 게 아닙니다. 그냥 '운전할 수 있는 사람이 되는 것', 그것이 대부분의 사람들의 목표입니다.

운전면허를 따듯, 영어 역시 두려움에서 자유로움이 될 수 있습니다. 그리고 영어에 많이 실패하셨을 누군가에게 도움이 되고자 정리해 본 내용을 여러분과 공유하고 싶습니다. 바로 [영어 공부 10계명]이라는 건데요. 저에게 그랬듯, 여러분에게도 영어 공부가 기술이 아닌 기쁨이 되었으면 하는 마음으로 공유합니다.

01 양이 차면 질이 변한다

한 학생이 대학원을 갔습니다. 그런데 수업이 너무 어렵게 느껴졌던 학생이 선배님께 도움을 요청했습니다.

"선배님, 이 부분 좀 알려 주실 수 있을까요?"

"당연하지, 그런데 그 챕터 10번만 읽어 보고 올래?
이해 못해도 돼. 그냥 읽어 오기만 해"

"네~"

어려웠지만 선배님이 시킨 대로 휘뚜루마뚜루 6번 정도 읽었을 때 알게 되었습니다.

'물어볼 필요가 없겠구나.'

이건 제 큰 누나가 실제로 겪은 이야기입니다. 무엇이든 처음부터 완벽히 이해하는 것은 힘듭니다. 어렵다고 느껴지면 반복적으로 두 번, 세 번이라도 다시 보는 게 필요합니다. 이해 안 된다고 답답해할 필요 없습니다. '운전'의 경우, 남들이 편하게 운전한다고 해서 처음부터 내 운전도 그들처럼 편할 수는 없는 거잖아요? 운전대에 처음 앉는 순간 절대 편할 수가 없죠. 편하게 운전하고 있는 저들은 어땠을까요? 시작은 누구에게나 긴장되고 어려웠어요. 그럼 그들은 어떻게 편해진 걸까요?

여기에 대한 간단한 대답은 바로
'점수'가 아닌 '횟수'입니다.

영어 교육의 현장에서 사람들이 마음속에 점수판을 들고 자신에게 점수를 매기고 있는 걸 목격해 왔습니다. '아.. 나는 진짜 못하네. 30점.', '이해가 안 가. 10점.', '저 사람은 저렇게 잘하는데.. 난 빵점이야.'

[생육]이라는 말 들어 보셨나요? [낳아서 기름]이라는 뜻입니다. 생물이 나서 길러진다는 건데요. 그러한 [생육]의 마음으로 '에너지'를 줘야 합니다. 따뜻한 햇빛과 물과 관심을 쏟아야 할 시기에 "넌 가지가 약해", "넌 열매도 없잖아"라고 이제 막 자라는 새싹을 평가하면 어떻게 될까요? 처음엔 기운을 주고 자라날 수 있게 도와줘야 합니다. 과거 한때 저도 스스로 점수를 매기며 영어를 많이 포기했던 사람이었습니다. 그러다가 우연히 친구가 그런 말을 해 줬어요.

"음'학'을 몰라도 음악 하잖아. 영어'학'을 몰라도 영어 할 수 있어.
너 성대모사 좋아하잖아. 그거 하듯이 해 봐."

제가 성대모사 하는 걸 좋아하는데, 성대모사를 하려면 어떻게 해야 하는지 아시나요? 많이 듣고, 많이 따라 하는 겁니다. 관심을 가진 채, 많이 듣고 많이 따라 할수록 조금씩 비슷해집니다. 운전도 마찬가지잖아요. 같은 길을 많이 다닌 사람은 그 길에 익숙해지고, 편안해집니다. 영어도 그렇게 접근해 보세요. '점수'가 아닌 '횟수'입니다. 그럼 어떤 걸로 횟수를 늘려야 할까요? 간단한 두 가지 방법이 있습니다.

1. 자신의 수준에 맞는 영어 자료를 고르세요.

자신의 수준에 맞는다는 건 무엇일까요? 바로 [+1]~[+3]입니다. 딱 보고 들었을 때 70%는 알겠고 30%는 모르겠는 정도라면 [+3]이라고 생각하면 됩니다. 생육의 기간에 [+5] 이상의 수준을 고르면 기가 팍 죽습니다. 따라서 조금씩, 무리하지 않는 것이 좋습니다.

2. 많이 듣고, 많이 따라 하세요.

'많이'라는 기준은 사람마다 다르기 때문에 하나의 기준을 제시하고자 합니다. 바로 [5.5.5 연습법]입니다. 5번은 천천히 정확하게 말해 보고, 5번은 오디오 파일을 성대모사 하듯이 말해 보고, 5번은 상상하면서 말해 보는 거예요. 저도 이렇게 했습니다. 24살 때 처음 비행기를 타고 두 달간 캐나다를 가게 되었는데, 그때 돈을 모으느라 공장에서 일하며 하루 종일 아래와 같은 문장들을 듣고 따라 했습니다.

일단 저 동물들을 보면 네 기분이 나아질 거야.
Once you see all those animals, you should feel better.

once가 뭔지, should가 뭔지 몰랐지만 일단 계속 듣고, 계속 따라 하다 보니 좀 익숙해지는 느낌이 들었죠. 익숙해져야 질문도 할 수 있고, 찾아볼 수도 있습니다. 여러분도 자신의 수준에 맞는 자료를 찾아 보시고, 그걸 마스터해 보세요. '요령 피우는 양아치'처럼 행동하면 질이 안 변합니다. '양이 차야' 질이 변합니다.

02 질문하라

반복하다 보면 궁금한 게 생깁니다. 그럴 땐 모른 채로 남겨 두면 안 됩니다. '질문'하세요.

반복을 하는 이유는 뭘까요? 바로 '계속한 결과 이해가 되는 것, 계속했는데도 이해가 안 되는 것이 무엇인지 구분하기 위해서'입니다. 충분히 시도하고 계속했는데도 이해되지 않는 내용이 있을 땐 선생님에게 물어봐야 됩니다. **"궁금한 것을 체크하고 선생님에게 물어봐라"** 이게 두 번째 방법입니다. 이 과정은 마치 수학에서 오답 노트를 만드는 것과 비슷합니다. 오답 노트는 누가 만들 수 있나요? 문제를 풀어 보고 틀려 본 당사자만 만들 수 있습니다. 영어도 마찬가지입니다. 설명을 듣고 내뱉어 본 사람만 질문할 수 있습니다. 질문하는 방법은 3가지입니다. 바로 삼색인데요. [검색, 사색, 수색]입니다.

1. 검색

공부하며 할 수 있는 대부분의 질문들은 '검색'하면 나옵니다.

요즘 같은 시대엔 유튜브에 다 나옵니다. [see / look / watch]의 차이를 아시나요? 유튜브에 검색하면 이에 대한 무수한 설명들이 나옵니다. 인터넷이 발명되고 유튜브가 생겨나고, 얼마나 공부하기 좋은 시대인가요? 수십만 명의 사람들이 내 공부를 도와준다고 생각하세요.

2. 사색

'사색'을 하면 검색하고 배웠던 내용들이 스며들게 됩니다.

제 학생 중 원주에서 서울까지 수업을 들으러 오는 친구가 있었습니다. 그런데 이 친구가 영어가 진짜 많이 늘어서 제가 어떻게 이렇게 많이 늘었냐고 물어봤더니, 수업이 끝나고 원주까지 차를 타고 가면서 생각할 시간이 많았다고 합니다. 창밖을 보며 계속 그날 배운 걸 생각했다네요. 이처럼 스스로에게 '제대로 이해했니? 모르는 건 없었니?'라고 물으며 생각하다 보면 배우거나 검색했던 내용들이 스며들게 됩니다.

3. 수색

날 도와줄 사람을 '수색'하여 구체적으로 질문해야 합니다.

검색도 해 보고, 사색도 해 보고 나면 비로소 질문이 구체적으로 바뀝니다. '가족과 화목하십니까?'라고 물으면 질문이 너무 광범위해 대답하기 힘들지만 '가족들과 함께 대화하며 식사하는 날이 일주일에 몇 번 이상 되시나요?'라고 묻는다면 대답하기 쉬워집니다. 질문이 구체적으로 바뀌면 대답도 구체적으로 바뀝니다.

미국 교환 학생 시절 교내 뮤지컬에 참여하고 싶어서 작품으로 선정된 대본과 노래들을 입수해서 열심히 외우자고 마음먹은 뒤 교수님께 그런 제 마음을 말했더니 "너는 이 부분이 잘 어울릴 것 같으니 이걸 준비해"라고 콕 집어 알려 주셨습니다. 그렇게 알려 주신 대로 준비했더니 시간은 아끼고 준비할 내용의 완성도를 높여서 오디션에 합격할 수 있었습니다.

'검색'하고, '사색'하고, 무엇보다도 도와줄 사람을 '수색'해 직접 물어보십시오. 단, 필요 이상의 세밀한 질문은 선생님이 '넘어가라'고 이야기해 줄 겁니다. 지나치게 세밀한 질문은 운전을 처음 배우며 [엑셀]과 [브레이크]에 집중해야 할 시간에 [안개등] 버튼을 가리키며 '이게 뭐예요?'라고 묻는 것과 같습니다. 그러면 선생님은 [엑셀]과 [브레이크]를 익히는데 집중하라고 말해 줄 겁니다. 선생님을 신뢰하고 넘어가세요.

국민영어법 10계명
03 발음은 외모다

잘 생기고 예쁠 필요는 없어도 '깔끔하면' 나와 내 주변에 좋은 기분을 줄 수 있죠? 발음도 마찬가지입니다. 깔끔하게 제대로, 그 언어의 특징을 살려 발음하면 듣기에 참 좋습니다.

예를 들어, 아래와 같이 말하는 외국인 친구 두 명이 있다고 해 봅시다.

"아너응 하쒜열, 식솨는 트셨어요?"
"안녕하세요~ 식사는 드셨어요?"

두 번째 외국인 찬구는 정말 깔끔하게 제대로, 정확하게 발음해서 눈 감고 저 한 마디만 들어서는 한국인인지 외국인인지 구분이 안 될 정도입니다. 따라서 발음을 '깔끔하고 정확하게' 하는 것을 목표로 잡아야 합니다. 그러기 위해서는 두 가지가 필요합니다.

1. 강세를 잘 살려 보세요.

교환 학생 때, 외국인 친구가 맥도날드에 같이 가자고 말한 것을 못 알아들을 뻔한 적이 있습니다. 바로 아래와 같이 말했거든요.

"맥다~날"

한 글자 한 글자 똑같은 강세로 '맥.도.날.드.'라고 말하는 한국어와 달리 영어는 위와 같이 '강세'가 있는 언어이기 때문에 강세를 잘 살려 말해야 정확하게 알아 듣고 발음할 수 있습니다. '애.플.'이 아니라 '애~플'이라고 발음되는 것처럼 길~게 표현되는 부분을 잘 따라서 표현해 보세요.

2. 리듬과 감정을 살려서 따라 하세요.

아래의 말을 리듬과 감정 없이 죽— 말한다고 생각해 보세요.

"밥먹었나?뭐하노?마됐다치아라."

특히 영어는 한국어보다 리듬이 더 발달한 언어이기 때문에 이걸 잘 살려 말하지 않으면 웃기는 걸 넘어 의미 전달이 전혀 안 될 수 있습니다. 따라서 음악을 따라 한다는 마음으로, 그대로 카피하시길 바랍니다. 감정을 과하게 표현할 필요는 없습니다. 다만 질문을 할 땐 정말 궁금한 감정을, 기쁨과 화를 표현할 땐 기쁨과 화를 담아 보세요. 리듬과 감정까지 연습해 두셔야 그 상황에서 자연스럽게 나오게 됩니다.

04 가슴으로 말하라

제가 '세바시, JTBC 말하는대로'의 스피치 코치로 활동하며 가장 많이 받는 질문 중 하나가 아래와 같습니다.

"긴장을 어떻게 해소하느냐?"

위 질문에 대한 답은 바로 **'진심을 다하는 것'**입니다. 진심을 다해 말하는 사람은 그렇지 않은 사람과 긴장도가 다릅니다. '내가 하고 싶은 이 말을 꼭 전달하고 싶다'라는 진심이 중심이 될 때, 긴장은 설 자리를 잃습니다.

누군가에게 꼭 전달하고 싶은 내용을 진심을 담아 말하면 자연스럽게 손도 나오고 발도 나옵니다. 이와 마찬가지로, 손을 쓰든 발을 쓰든 어떻게 해서든 내가 말하고자 하는 것을 상대방에게 전달하려는 진심을 담아 영어를 하시면 진짜 많이 늡니다. 그러니 아래의 말을 마음에 새겨 두고 '가슴으로' 영어를 말하는 연습을 합시다.

영어는 소통의 도구입니다.
영어는 사람을 평가하는 도구가 아니고,
사람과 사람을 이어주는 도구입니다.

05 태도가 전부다

개그맨 김영철 씨는 20년 가까이 영어를 꾸준히 학습하고 계십니다. 언젠가 김영철 씨를 만날 일이 있어 아래와 같이 여쭤 봤습니다.

**"스케줄도 바쁘시고 영어 과외도 있으실 텐데,
어떻게 이렇게 부지런히 학원을 다니시나요?"**
"과외를 하면 다른 사람 대답은 못 듣잖아요."

머리를 한 대 맞은 기분이었습니다. 이 말은 곧 언어라는 게 A라는 대답이 있을 수도 있고 B, C라는 대답이 있을 수도 있는데, 혼자서만 공부하면 하나의 답만 배우게 되지 않겠냐는 이야기였습니다. 이렇듯 마음을 열고 배우는 태도를 가진 김영철 씨이기에 20년간 즐겁게 영어를 공부하여 지금의 영어 실력자가 된 것이 아닐까 합니다.

잘 못해도 반짝이는 사람이 있습니다. 멋진 태도가 있으면 빛이 납니다. 열심히 하려는 태도만으로도 아름다울 수 있습니다.

**배우러 왔기 때문에 [잘 하려고] 하기보다,
[자라려고] 하는 게 더 좋습니다.**

오늘, 이 순간 아름다웁시다.

06 불안을 알아차려라

우리는 삶에서 가장 큰 도둑을 알고 있습니다. 바로 [불안]이라는 도둑입니다. 불안은 우리의 시간을 **빼앗아** 가고, 에너지를 **빼앗아** 가고, 하루를 가져갈 때도 있고, 1년을 가져갈 때도 있습니다.

도둑이 오면 "도둑이야!"라고 하듯이 뭔가 불안한 마음이 들면

"아!
불안이 찾아왔구나.
너! 내 시간이나 에너지나 기분을 가져갈 수 없어!"라고
선언하고 정신을 바짝 차리는 게
중요합니다.

'영어를 시작했는데 이번에도 안 되면 어쩌지?' 이런 기분이 들 때가 있습니다. 그때 불안을 알아차리고 다시 집중할 수 있다면 이 레이스가 좀 더 즐거울 수 있을 것입니다.

더 이상 불안에
삶을 도둑질 당하지 마세요.

07 영어, 정복이 아닌 행복이다

저는 수업을 할 때 학생들의 사진을 찍는 걸 정말 좋아합니다. 특히 학생들이 정말 푹 빠져서 영어로 말하고 있을 때 찍으면 아주 멋진 사진이 나옵니다. 왜 그럴까요?

**사람이 진심을 다해 몰입했을 때가
정말 멋있기 때문입니다.**

그 사진 한 장에, 그 학생이 좋아하는 음악이 배경 음악으로 흘러나오고 있다고 생각하면 정말 아름답습니다. 스티브 잡스의 명언 중 "최고의 보상은 여정 그 자체이다"라는 말이 있습니다. 최고의 보상이 여정 그 자체이듯, 영어 또한 아래와 같이 생각하고 즐기면 어떨까요?

**영어를 [정복]하려고 하지 말고
아름다운 [행복]의 순간이라고
생각하면 좋겠습니다.**

그동안 못할 거라고 믿던 일들을 해내고 있는, 그 길을 걸어가고 있는 이 순간이 최고의 보상입니다.

08 동료, 동기를 칭찬하라

예전에 제가 야구를 보러 갔는데, 친구들이 끊임없이 "파이팅!"이라고 외치더라고요. 왜 그렇게 외치는지 물어봤더니 "파이팅"을 외치면 기분이 좋다고 했습니다. 남이 해 준 말도 아닌, 스스로가 내뱉은 말에 왜 기분이 좋아지는 걸까요? 아마 자신의 입에서 나온 말을 듣는 가장 가까운 귀가 자신의 귀이기 때문 아닐까요? 이처럼 누군가에게 하는 말은 '그 말을 하는 스스로'가 제일 먼저 듣게 됩니다. 따라서,

진심을 다해 누군가를 칭찬하다 보면
자신이 오히려 기운이 납니다.

꽃을 전한 손에는 꽃 향기가 남듯이, 칭찬 또한 마찬가지입니다. 그러니 함께 공부하는 친구들에게 좋은 칭찬을 많이 해 주세요.

실력이 많이 느는 것 같아.
발음 좋다.
정말 꾸준하시네요.

이렇게 칭찬해 보세요. 그러면 스스로가 기운이 나고, 먼 길을 갈 수 있게 도와주는 훌륭한 연료가 될 것입니다.

09 힘들면 쉬어라

'힘들면 쉬라'는 얘기를 잘못 듣고 한 달, 두 달씩 쉬는 분들이 있는데 그 렇게 쉬라는 뜻이 아닙니다. 하다 보면 힘들 때가 있습니다. 그럴 땐 물 한 잔을 마시고 오는 등 잠깐 리프레쉬를 해야 할 때가 있죠.

힘들 때 너무 괴롭게 버티면 만정이 떨어질 수 있습니다. 그럴 땐 잠시 쉬 고 다시 시작하세요. 그러면 계속 갈 수 있습니다.

**너무 지칠 땐 스스로 컨트롤을 하고
고삐를 놓을 수도 있어야 됩니다.**

시속 300km 경주용 차도 정비하는 시간이 있다는 걸 잊지 마세요. 힘들 땐 좀 쉬어 가세요. 쉬는 방법에는 잠시 산책하거나 영화를 보며(배운 표현 들이 반드시 나옵니다) 머리 식히기, 스스로 칭찬해 주기 등등 여러 가지가 있습니다.

**쉬어 가면서 꼭 완주하세요.
어렵게 다시 시작한 거잖아요.
할 수 있습니다. 제가 도울게요.**

10 반드시 성공한다

우리가 국가 대표가 되자고 하는 것도 아니고, 1등을 뽑자고 하는 것도 아닙니다.

그냥
400개의 영어 문장을
흡수하자는 것입니다.

이는 누구나 할 수 있는 일입니다. 정말 많은 선배들이 성공해 왔고요. 따라서 여러분도 하실 수 있습니다. 이런 각오로 출발하면 더 재미있게 하실 수 있을 겁니다. 누구나 운전면허를 따서 차를 운전할 수 있듯이, 누구나 기초 영어 말하기를 마스터해 해외 여행에서 원하는 이야기를 하고, 아이들에게 영어 동화책을 읽어 주고, 토익을 공부하더라도 재미있게 할 수 있습니다. 그러니 기초 영어 말하기만큼은 저와 함께 꼭 끝내시길 바랍니다. 그러면 그 다음 길이 펼쳐질 것입니다.

지금까지의 10계명을 공부하기 직전에 읽고 시작하신다면 어떤 방향으로 가야 될지 가늠하실 수 있을 것입니다.

여러분의 노력에 윤활유가 되길 바라며,
10계명과 함께 본격적으로 출발해 볼까요?

01

with

이렇게 배웠다

함께

국영법은 이렇게 알려준다

딱 붙은

지금까지 [with]를 [함께]로 알고 계셨을 텐데요. 이젠 [함께]라는 해석을 머릿속에서 지우세요. **[with]의 본질은 [딱 붙은] 그림입니다.**

with는
= 딱 붙은 그림

[with]는 [함께]라는 뜻뿐만 아니라 총 17개의 뜻으로 쓰이고 있답니다. 아래의 예시를 한번 살펴볼까요?

안경 낀 고양이

고양이는 영어로 a cat이고, 안경은 영어로 glasses입니다. **문제는 [낀]이네요.** 초/중/고등학교를 통틀어 최소 12년 동안 영어를 공부했는데, [낀]은 배운 적이 없다고요? 이제 알려드리겠습니다.

낀 → (얼굴에) 딱 붙은 → with

[with]를 [함께]로 알고 계셨다면, 잘 기억해 두세요. **[with] = [딱 붙은]** 그림입니다. 문법 용어로 [전치사]라고 배우셨을 텐데, 앞으로는 **[전치사] → [그림말]**이라고 하겠습니다. 그림상으로 [딱 붙어] 있다면 [with]를 떠올리세요.

안경 낀 고양이
안경이 (얼굴에) 딱 붙은 고양이
A cat with glasses

그리고 **사람과 딱 붙어 있는 사물**, **사람의 외모**, **사물의 특징**, **도구로 하는 활동** 등도 모두 [with]로 표현 가능합니다. 예시를 한번 살펴볼까요?

총(이란 사물)을 든 남자
총이 (손에) 딱 붙은 남자
A man with a gun

금발 머리(란 외모)를 한 소녀
금발 머리카락이 (머리에) 딱 붙은 소녀
A girl with blonde hair

큰 화면(이란 특징)을 가진 전화기
큰 화면이 딱 붙은 전화기
A phone with a big screen

내가 그거 가위(라는 도구)로 자를게.
내가 그거 가위를 딱 잡고 자를게.
I will cut it with the scissors.

01 안경 낀 고양이

안경이
(얼굴에) 딱 붙은 고양이

고양이 = **cat**
안경 = **glasses**

A cat with glasses

* cat 앞의 [a]에 대해선 2강에서 알려 드립니다.

02 진주 귀걸이를 한 소녀

진주 귀걸이가
(귀에) 딱 붙은 소녀

소녀 = **girl**
진주 귀걸이 = **pearl earring**

A girl with a pearl earring

* pearl = 진주 / earring = 귀걸이

03 총을 든 남자가 있어.

총이 (손에) 딱 붙은
남자가 있어.

_____가 있어. = There is _____.
남자 = man
총 = gun

There is a man with a gun.

* There is ~는 '저기'라고 가리키며 뭔가 있다고 말하는 느낌.

04 금발 머리를 한 소녀

금발 머리가
(머리에) 딱 붙은 소녀

소녀 = girl
금발 머리(카락) = blonde hair

A girl with blonde hair

* blonde = 금발인/hair = 머리카락

수영장이 딱 붙은 집

집 = **house**
수영장 = **pool**

A house with a pool

큰 화면이 딱 붙은 전화기

전화기 = **phone**
큰 화면 = **big screen**

A phone with a big screen

* big = 큰 / screen = 화면

내가 그거
가위를 딱 잡고 자를게.

내가 ____할게. = I will ____.
내가 그거 자를게. = I will cut it.
가위 = scissors

I will cut it with the scissors.

* scissors 앞의 [the]에 대해선 2강에서 알려 드립니다.

그거와 딱 붙는 상황에서
조심해!

조심해. = Be careful.
그거 = that

Be careful with that!

09 내 곁에 있어 줘.

내게 딱 붙어서 있어 줘.

있어[머물러] 줘. = Stay.
나 = me

Please stay with me.

* 'please'는 부탁할 때 쓰는 말.

10 너 문제가 뭐야?

너에게 딱 붙은 문제가 뭐야?

_____가 뭐야? = What's _____?
문제 = matter
너 = you

What's the matter with you?

5·5·5 연습

① 발음에 집중해서 5번,
② 억양에 집중해서 5번,
③ 내 것처럼 5번씩 따라 말하기

MP3_001

연속 듣기

5·5·5 연습이 끝난 후
한 번에 쭉~ 연이어 듣고
문장 곱씹기

MP3_002

	발음	억양	내것

01 A cat **with** glasses
발음 억양 내것
正 正 正

02 A girl **with** a pearl earring
발음 억양 내것
正 正 正

03 There is a man **with** a gun.
발음 억양 내것
正 正 正

04 A girl **with** blonde hair
발음 억양 내것
正 正 正

05 A house **with** a pool
발음 억양 내것
正 正 正

06 A phone **with** a big screen
발음 억양 내것
正 正 正

07 I will cut it **with** the scissors.
발음 억양 내것
正 正 正

08 Be careful **with** that!
발음 억양 내것
正 正 正

09 Please stay **with** me.
발음 억양 내것
正 正 正

10 What's the matter **with** you?
발음 억양 내것
正 正 正

문장 10개에 이어 아래의 한글 표현 & 문장들을 영어로 바꿔 말해 봅시다.

11 안경 낀 사람

사람 = person / 안경 = glasses

12 안경 쓴 고양이 한 마리가 있어?

~가 있어[있나요]? = Is there ~? / 고양이 = cat

13 진주 귀걸이를 한 소녀가 있다.

~가 있다. = There is ~. / 소녀 = girl / 진주 귀걸이 = pearl earring

14 진주 귀걸이를 한 소녀가 있나요?

15 총 든 남자가 있다.

남자 = man / 총 = gun

16 여기 총을 든 남자가 있나요?

여기 ~가 있나요? = Is there ~ here?

17 미소 띤 소녀

소녀 = girl / 미소 = smile

18 난 짧은 머리를 한 여자가 좋아.

난 ~가 좋아. = I like ~. / 여자 = woman / 짧은 머리 = short hair

19 수영장 딸린 집이 있다.

집 = house / 수영장 = pool

20 수영장 딸린 집 있나요?

11   A person with glasses

발음 억양 내것
正 正 正

---

12   Is there a cat with glasses?

발음 억양 내것
正 正 正

---

13   There is a girl with a pearl earring.

발음 억양 내것
正 正 正

---

14   Is there a girl with a pearl earring?

발음 억양 내것
正 正 正

---

15   There is a man with a gun.

발음 억양 내것
正 正 正

---

16   Is there a man with a gun here?

발음 억양 내것
正 正 正

---

17   A girl with a smile

발음 억양 내것
正 正 正

---

18   I like a woman with short hair.

발음 억양 내것
正 正 正

---

19   There is a house with a pool.

발음 억양 내것
正 正 正

---

20   Is there a house with a pool?

발음 억양 내것
正 正 正

Wait! 아직 안 끝났어요!

조금만 더 분발해 입근육을 짝~ 풀어 봅시다!

21 큰 화면을 가진 전화기가 있다.

> 전화기 = phone / 큰 화면 = big screen

22 카메라 3개 달린 전화기가 있나요?

> 3개의 카메라 = three cameras

23 나 칼로 그거 자를 거야.

> 나 ~할 거야. = I will ~. / 그걸 자르다 = cut it / 칼 = knife

24 너 가위로 그거 자를 거야?

> Will you ~? = 너 ~할 거야? / 가위 = scissors

25 내 안경 조심해 주세요.

> 조심해 주세요. = Please be careful. / 내 안경 = my glasses

26 제가 뭐 좀 도와 드릴까요?

> 제가 도와 드릴까요? = Can I help you? / 무엇[뭔가] = something

27 나랑 같이 있어 줄 수 있어?

> ~해 줄 수 있어? = Can you ~? / 있다 = stay / 나 = me

28 나랑 같이 가자.

> 오다[가다] = come

29 너 도대체 뭐가 문제야?

> 잘못된 게 뭐야?(도대체 뭐가 문제야?) = What's wrong?

30 너 문제가 뭐야?

> ~가 뭐야? = What's ~? / 문제 = problem

21   There is a phone **with** a big screen.

발음 억양 내것
正   正   正

22   Is there a phone **with** three cameras?

발음 억양 내것
正   正   正

23   I will cut it **with** a knife.

발음 억양 내것
正   正   正

24   Will you cut it **with** scissors?

발음 억양 내것
正   正   正

25   Please be careful **with** my glasses.

발음 억양 내것
正   正   正

26   Can I help you **with** something?

발음 억양 내것
正   正   正

27   Can you stay **with** me?

발음 억양 내것
正   正   正

28   Come **with** me.

발음 억양 내것
正   正   正

29   What's wrong **with** you?

발음 억양 내것
正   正   正

30   What's the problem **with** you?

발음 억양 내것
正   正   正

Not all of us can do great things.
But we can do small things with great love.

모든 사람이 대단한 일을 할 수는 없지만,
작은 일들을 큰 사랑으로 할 수 있다.

- 마더 테레사 -
(Mother Teresa)

02

a, the

이렇게 배웠다

a – 부정관사
the – 정관사

국영법은 이렇게 알려준다

a – 어
the – 그

[a/the] 참 많이 헷갈리시죠? 문법책에서는 [부정관사/정관사]라는 용어로 소개됩니다. '부정관사? 정관사?' 이런 용어들이 너무 어렵게 느껴졌을 텐데요. 제가 [a/the]를 아주 알기 쉽게 설명해 드릴게요.

a = 아무거
the = 특정한 거

사실 [a/the]는 네이티브조차 헷갈릴 정도로 많은 사용법이 존재하고 예외적인 쓰임새까지 존재합니다. 우선, 가장 기본적이고도 확실한 느낌 하나만 익혀 두시면 됩니다. 바로 [a] = [아무거나, 처음 보는], [the] = [그거! 바로 그거!]라는 느낌입니다. 자 그럼 [a/the]가 들어간 예시를 살펴볼까요?

① 아무 펜이나 줘 봐.
Give me **a pen**.

[a]는 '아무거나, 처음 보는 하나인 것'을 지칭할 때 쓰입니다. 따라서 위 상황은 뭔가를 쓰려고 하는데 펜이 없어서 '아무 펜(a pen) 좀 줘 봐'라고 하는 상황입니다.

② 그 펜 내놔.
Give me **the pen**.

하지만 [the]가 붙게 되면 '특정한 것'을 지칭하게 됩니다. 따라서 위 상황은 책상 위에 놓은 특정한 '그 펜(the pen)'을 달라고 하는 상황이라 볼 수 있겠죠.

그럼 [this / that]은 뭘까요? 이 친구들은 [the]에서 살짝 변신한 친구들입니다.

[그(the)]거긴 그건데 **가까이 있는 것** = [이것] = [this]
[그(the)]거긴 그건데 **멀리 있는 것** = [저것] = [that]

This is a pen. = 이것은 펜입니다.
That is a pen. = 저것은 펜입니다.

그렇다면 [it]은 뭘까요? 문법책에서 [it]은 [비인칭주어]라는 어려운 용어로 소개 되지만, 쉽게 말하면 [it] = [허수아비]이며 **해석을 안 해도 됩니다.**

[it] = [허수아비]

It is a pen. = 펜입니다. ('It' 해석 X)

그리고 가장 많이 쓰이는 문장 구조 중 하나가 'Here is~, There is~'인데요. **여기** 있다고 할 땐 **Here**, **저기** 있다고 할 땐 **There**라고 합니다. 물건을 건네거나 가리킬 때 쓰니까 하루에도 여러 번 쓰는 필수 표현입니다.

Here **is** ~. = 여기 ~가 있어.
There **is** ~. = 저기 ~가 있어.

01 펜 하나 줘.

아무 펜이나 하나 **줘.**

주다 = **give**
나에게 _____을 줘. = **Give me** _____.
펜 = **pen**

Give me a pen.

02 그 펜 줘.

그(특정한) 펜 **줘.**

'그 펜'은 다양한 상황에서의 특정한 펜.
(ex) 책상 위에 있는 그 펜
      네가 들고 있는 그 펜

Give me the pen.

03 이것은 강아지야.

**이것은
강아지 (한 마리)야.**

이것은 _____야. = This is _____.
강아지 = dog

This is a dog.

* '저것은 ~야'라고 말할 땐 'That is ~'

04 고양이야.

고양이 (한 마리)야.

_____야. = It is _____.
고양이 = cat

It is a cat.

* 위에서 [It]는 아무 뜻이 없다고 생각하고 해석하지 말 것.

귀여운 상태야.

_____(한 성질/상태)야. = **It is** _____.
('It is ~'는 '성질/상태'를 묘사할 때에도 사용)
귀여운 = **cute**

It is cute.

* 'It is ~'는 줄여서 'It's ~'라고 표현 가능.

저기에 한 남자가 있어.

저기 = **there**
(저기) _____가 있어. = **There is** _____.
남자 = **man**

There is a man.

* 'There is ~'는 말 그대로 '저기'라고 가리키며 말하는 느낌. 줄이면 'There's ~'

07 그 남자가 있어.

저기에 그 남자가 있어.

'그 남자'는 다양한 상황에서의 특정한 남자
(ex) 내가 말했던 그 남자
　　　우리가 어제 봤던 그 남자

There is the man.

08 여기 그 돈 있다.

여기 그(특정한) 돈 있다.

여기 = **here**
(여기) ＿＿＿가 있다. = **Here is** ＿＿＿.
돈 = **money**

Here is the money.

* 'Here is ～'는 '옜다'라는 느낌의 표현. 줄이면 'Here's ～'

09 나 여기 있어.

나 여기에 있어.

나 _____(라는 위치)에 있어. = **I am** _____.
여기 = **here**
여~~기 = **over** here
바로 여기 = **right** here

I am here.

* over - 머리 위쪽으로 그려진 포물선의 느낌 / right - 지금, 여기를 딱 지정하는 느낌.

10 그녀가 저기 있네.

그녀가 저기에 있네.

그녀가 _____(라는 위치)에 있네. = **She is** _____.
저기 = **there**
저~~기 = **over** there
바로 저기 = **right** there

She is there.

STEP 2 입에 찰싹! 붙이기

5·5·5 연습

① 발음에 집중해서 5번,
② 억양에 집중해서 5번,
③ 내 것처럼 5번씩 따라 말하기
MP3_007

연속 듣기

5·5·5 연습이 끝난 후
한 번에 쭉~ 연이어 듣고
문장 곱씹기
MP3_008

01 Give me a pen.

발음	억양	내것
正	正	正

02 Give me the pen.

발음	억양	내것
正	正	正

03 This is a dog.

발음	억양	내것
正	正	正

04 It is a cat.

발음	억양	내것
正	正	正

05 It is cute.

발음	억양	내것
正	正	正

06 There is a man.

발음	억양	내것
正	正	正

07 There is the man.

발음	억양	내것
正	正	正

08 Here is the money.

발음	억양	내것
正	正	正

09 I am here.

발음	억양	내것
正	正	正

10 She is there.

발음	억양	내것
正	正	正

문장 10개에 이어 아래의 한글 표현 & 문장들을 영어로 바꿔 말해 봅시다.

11 (아무) 의자 좀 줘.

내게 ~을 줘. = Give me ~. / 의자 = chair

12 (그냥) 포옹 한 번 줘. → 안아 줘.

포옹 = hug

13 (특정한) 그 돈 줘.

돈 = money

14 (특정한) 그 전화기 줘.

전화기 = phone

15 그것은 고양이 (한 마리)야.

그것은 ~야. = That is ~. / 고양이 = cat

16 이거 (특정한) 제 폰이에요.

이것은 ~예요. = This is ~. / 나의 = my

17 (그냥 어떤) 남자아이야.

~야. = It's ~. / 남자아이 = boy

18 (그냥 어떤) 비밀이야.

비밀 = secret

19 빠르다.

~(라는 상태)야. = It's ~. / 빠른 = fast

20 추워.

추운 = cold

11   Give me a chair.

발음	억양	내것
正	正	正

12   Give me a hug.

발음	억양	내것
正	正	正

13   Give me the money.

발음	억양	내것
正	正	正

14   Give me the phone.

발음	억양	내것
正	正	正

15   That is a cat.

발음	억양	내것
正	正	正

16   This is my phone.

발음	억양	내것
正	正	正

17   It's a boy.

발음	억양	내것
正	正	正

18   It's a secret.

발음	억양	내것
正	正	正

19   It's fast.

발음	억양	내것
正	正	正

20   It's cold.

발음	억양	내것
正	正	正

Wait! 아직 안 끝났어요!

조금만 더 분발해 입근육을 쫙~ 풀어 봅시다!

21 버스 한 대가 있어요.

~가 있어요. = There's ~. / 버스 = bus

22 키가 하나 있어요.

키, 열쇠 = key

23 (특정한) 카메라가 있네요.

카메라 = camera

24 (특정한) 롯데타워가 있어요.

롯데타워 = Lotte Tower

25 여기 (특정한) 메뉴판 있어.

여기 ~가 있어. = Here's ~. / 메뉴판 = menu

26 여기 (특정한) 문제가 있어.

문제 = problem

27 나 바로 여기 있어.

나 ~에 있어. = I'm ~. / 바로 여기 = right here

28 나 여~~기 있잖아.

여~~기 = over here

29 저기 있네! (발견한 느낌)

There(저기)+it is(있다) = There it is.(저기 있다.)

30 저~~기 있어요.

~에 있어요. = It's ~. / 저~~기 = over there

62

21 There's a bus.

발음 억양 내것
正 正 正

22 There's a key.

발음 억양 내것
正 正 正

23 There's the camera.

발음 억양 내것
正 正 正

24 There's the Lotte Tower.

발음 억양 내것
正 正 正

25 Here's the menu.

발음 억양 내것
正 正 正

26 Here's the problem.

발음 억양 내것
正 正 正

27 I'm right here.

발음 억양 내것
正 正 正

28 I'm over here.

발음 억양 내것
正 正 正

29 There it is!

발음 억양 내것
正 正 正

30 It's over there.

발음 억양 내것
正 正 正

**Where there is a will,
there is a way.**

뜻이 있는 곳에,
길이 있다.

– 속담 –
(Proverb)

03

of

이렇게 배웠다

~의

국영법은 이렇게 알려준다

명탐정

[of]를 사전에서 찾아보면 13개 이상의 뜻이 나옵니다. 그런데 이 13개 이상의 뜻을 하나의 이미지로 간단히 정리할 수 있습니다. 바로 [of] = [명탐정]이라는 이미지입니다.

따라서 어떤 표현에서든 [of]가 나오면 '오, [명탐정]이 나타났다!'라고 생각하시면 됩니다. 자, 예시를 한번 살펴볼까요?

legs는 '다리'입니다. 그리고 legs 다음에 [of]가 나왔으니 **'오, [명탐정]이 나타났다!'**라는 생각으로 돋보기를 들고 관찰하듯 '다리긴 다린데.. 어떤 다리인지 좀 더 자세히 볼까?'하는 마음으로 다음 단어를 보세요. chair(의자)가 나왔네요. '아~! 다리인데.. 바로 의자의 다리!'라고 단서를 발견한 느낌이죠?

'legs of the chair'를 그림으로 연상해 보면 아래와 같습니다.

명탐정이 돋보기로 관찰하듯
legs - 다리이긴 다리인데..
of - 무엇의 다리인지 자세히 볼까?
the chair - 아~! 바로 의자의 다리구나!

또 다른 예시를 한번 살펴봅시다. 이번엔 'full of water'를 해석해 볼까요?

명탐정이 돋보기로 관찰하듯
full - 가득 찼네.
of - 뭘로 가득 찬 건지 자세히 볼까?
water - 아~! 물로 가득 차 있구나!

이런 식으로 접근하면 아래와 같은 표현들도 쉽게 해석할 수 있습니다.

full of smoke = 가득 찬 → 자세히 무엇으로? → 연기 = 연기로 가득 찬

afraid of dogs = 두려운 → 자세히 무엇이? → 개 = 개가 두려운

proud of you = 자랑스러운 → 자세히 누가? → 너 = 네가 자랑스러운

따라서 [of]를 '자세히 들여다보는 [명탐정]'이라는 이미지로 이해하면 'legs of the chair' 같은 표현부터 'full of water / smoke, afraid of dogs, proud of you'와 같은 추상적 개념까지도 아주 쉽게 이해할 수 있습니다.

머리
→ 자세히 무엇의? → 기타

머리 = head
기타 = guitar

The head of the guitar

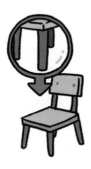

다리
→ 자세히 무엇의? → 의자

다리 = leg
의자 = chair

The legs of the chair

* 위에선 의자 다리 4개를 지칭하기 때문에 복수형 'legs'라고 표현.

03 세상의 최고점

최고점
→ 자세히 무엇의? → 세상

최고점 = **top**
세상 = **world**

The top of the world

04 너의 사진

사진
→ 자세히 무엇의? → 너

사진 = **picture**
너 = **you**

A picture of you

가득 찬
→ 자세히 무엇으로? → 물

가득 찬 = full
물 = water

Full of water

나는 무서워.
→ 자세히 무엇이? → 개

무서운 = afraid
나는 무서워. = I am afraid.
개 = dog

I am afraid of dogs.

* 내가 무서워하는 건 '개들'이라는 집단이므로 복수형(dogs)으로 표현.

나는 자랑스러워.
→ 자세히 누가? → 너

자랑스러운 = **proud**
나는 자랑스러워. = **I am proud.**
너 = **you**

I am proud of you.

참 친절하시네요.
→ 자세히 누가? → 당신

그거 참 친절하네요(친절한 일이네요).
= **That is so kind.**
('참 친절하시네요'라는 뉘앙스로 풀이)

That is so kind of you.

* '(so) kind = (참) 친절한'이라는 뜻의 표현.

09 나 일하는 거에 지쳤어.

난 지쳤어.
→ 자세히 무엇에? → 일하는 것

지친 = **tired**
난 지쳤어. = **I am tired.**
일하는 것 = **working**

I am tired of working.

10 나를 떠올려.

떠올려.
→ 자세히 무엇을? → 나

생각하다, 떠올리다 = **think**
생각해[떠올려]. = **Think.**
나 = **me**

Think of me.

STEP 2 입에 찰싹! 붙이기

5·5·5 연습

① 발음에 집중해서 5번,
② 억양에 집중해서 5번,
③ 내 것처럼 5번씩 따라 말하기

MP3_013

연속 듣기

5·5·5 연습이 끝난 후
한 번에 쭉~ 연이어 듣고
문장 곱씹기

MP3_014

번호	문장	발음	억양	내것
01	The head of the guitar	正	正	正
02	The legs of the chair	正	正	正
03	The top of the world	正	正	正
04	A picture of you	正	正	正
05	Full of water	正	正	正
06	I am afraid of dogs.	正	正	正
07	I am proud of you.	正	正	正
08	That is so kind of you.	正	正	正
09	I am tired of working.	正	正	正
10	Think of me.	正	正	正

문장 10개에 이어 아래의 한글 표현 & 문장들을 영어로 바꿔 말해 봅시다.

11 나 그 기타 소리가 마음에 들어.

> 나 ~가 마음에 들어. = I like ~. / 소리 = sound / 기타 = guitar

12 나 그 기타 색깔 마음에 들어.

> 색깔 = color

13 나 의자 가장자리에 앉아 있어.

> 난 ~에 앉아 있어. = I'm sitting on ~. / 가장자리 = edge / 의자 = chair

14 의자 팔걸이에 앉지 마.

> ~에 앉지 마. = Don't sit on ~. / 팔(걸이) = arm

15 케이크 위에 초콜릿을 뿌려.

> ~(위)에 OO을 뿌려. = Sprinkle OO on ~. / (맨) 위 = top / 케이크 = cake

16 종이 맨 위에 이름을 쓰세요.

> ~에 OO을 쓰세요. = Write OO at ~ / 너의 이름 = your name / 종이 = paper

17 저희 사진 좀 찍어 주시겠어요?

> Can you ~? = ~해 주시겠어요? / 사진을 찍다 = take a picture / 우리 = us

18 내가 너 사진 찍어 줄까?

> 내가 ~해 줄까? = Do you want me to ~?

19 그녀는 항상 에너지가 넘쳐.

> 그녀는 항상 ~야. = She's always ~. / 넘치는 = full / 에너지 = energy

20 삶은 선택으로 차 있어.

> 삶은 ~야. = Life is ~. / 가득 찬 = full / 선택 = choice

5·5·5연습   연속 듣기

MP3_015   MP3_016

| | 발음 | 억양 | 내것 |

11 I like the sound of the guitar.
발음 正 억양 正 내것 正

12 I like the color of the guitar.
발음 正 억양 正 내것 正

13 I'm sitting on the edge of the chair.
발음 正 억양 正 내것 正

14 Don't sit on the arm of the chair.
발음 正 억양 正 내것 正

15 Sprinkle chocolate on top of the cake.
발음 正 억양 正 내것 正

16 Write your name at the top of the paper.
발음 正 억양 正 내것 正

17 Can you take a picture of us?
발음 正 억양 正 내것 正

18 Do you want me to take a picture of you?
발음 正 억양 正 내것 正

19 She's always full of energy.
발음 正 억양 正 내것 正

20 Life is full of choices.
발음 正 억양 正 내것 正

조금만 더 분발해 입근육을 쫙~ 풀어 봅시다!

21 넌 높은 곳을 무서워하니?

넌 무서워하니? = Are you afraid? / 높음 = height

22 난 개 안 무서워해.

난 안 무서워해. = I'm not afraid. / 개 = dog

23 난 우리 팀이 자랑스러워.

난 자랑스러워. = I'm proud. / 나의[우리] 팀 = my team

24 나 내 자신이 자랑스러워.

나 자신 = myself

25 (당신) 참 친절하시네요.

참 친절하시네요. = That's so nice.

26 (당신) 참 상냥하시네요.

참 상냥하시네요. = That's so sweet.

27 난 기다리는 거에 지쳤어.

난 지쳤어. = I'm tired. / 기다리는 것 = waiting

28 난 싸우는 거에 지쳤어.

싸우는 것 = fighting

29 크리스마스를 떠올려 봐, 눈을 떠올려 봐.

생각해[떠올려] 봐. = Think. / 크리스마스 = Christmas / 눈 = snow

30 아이들을 생각해!

아이들 = children

21   Are you afraid of heights?

발음 억양 내것
正 正 正

22   I'm not afraid of dogs.

발음 억양 내것
正 正 正

23   I'm proud of my team.

발음 억양 내것
正 正 正

24   I'm proud of myself.

발음 억양 내것
正 正 正

25   That's so nice of you.

발음 억양 내것
正 正 正

26   That's so sweet of you.

발음 억양 내것
正 正 正

27   I'm tired of waiting.

발음 억양 내것
正 正 正

28   I'm tired of fighting.

발음 억양 내것
正 正 正

29   Think of Christmas, think of snow.

발음 억양 내것
正 正 正

30   Think of the children!

발음 억양 내것
正 正 正

**Whoever has a heart full of love
always has something to give.**

사랑이 가득한 마음을 가진 사람은
언제나 베풀 것을 가지고 있다.

- 교황 요한 23세 -
(John XXIII)

대한민국 · 기초영어말하기 · 교과서 · 국민영어법

04

to

이렇게 배웠다

국영법은 이렇게 알려준다

여러분은 지금까지 [to]를 [~으로]라고만 알고 계셨을 텐데요. 하지만 [to]의 본질은 바로 아래와 같습니다.

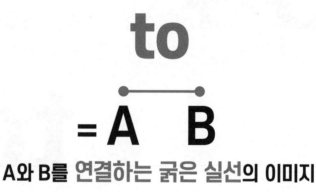

to
= A ⎯⎯ B
A와 B를 연결하는 굵은 실선의 이미지

[to]는 정말 유용한 단어입니다. 영어 단어 중 가장 많이 쓰이는 어휘 5위일 정도로 많이 쓰이기 때문에 아마 수업 시간에 '전치사 to, to부정사' 등의 용어로 시험도 많이 쳤을 텐데요. 이 모든 것을 관통하는 본질적 이미지가 바로 [to] = [연결하는 굵은 실선]입니다. 예시를 통해 알아볼까요?

학교 **가는** 버스
나 **한테** 줘.
내 말 **을** 듣고 있니?

위에서 '가는, 한테, 을'이라고 된 부분들은 [to]로 다 표현할 수 있습니다. 이들 모두 **A와 B를 연결하는 굵은 실선의 이미지**로 해석 가능하기 때문이죠.

학교 가는 버스
학교까지 연결되는 버스
A bus to school

나한테 줘.
나에게까지 연결되게 줘.
Give it to me.

내 말을 듣고 있니?
내 말까지 연결되어 듣고 있니?
Are you listening to me?

'가는, 한테, 을'이 모두 '[to] = [연결하는 굵은 실선]의 이미지'로 표현 가능하다는 게 놀랍지 않나요? [to]는 아래와 같은 표현으로도 확장 가능합니다.

이 문을 여는 열쇠 → 이 문까지 연결되는 열쇠
= **The key to the door**

9시부터 6시까지 → 9시부터 6시까지 연결되는
= **from 9 to 6**

만나게 되어 반가워. → 만나게 되기까지 연결되어 반가워.
= **Nice to meet you.**

자, 이제 [to]가 어떤 느낌으로 쓰이는지 이해가 되시나요? 나중엔 [to부정사]라 불리는 [to마법사]도 배우게 될 거예요. 미리 기대하고 계세요!

01 학교 가는 버스

학교까지 연결되는 버스

버스 = **bus**
학교 = **school**

A bus to school

02 난 스타벅스에 가고 있어.

**난 스타벅스까지 연결되게
가고 있어.**

가다 = **go** (가고 있는 = **going**)
난 가고 있어. = **I am going**.
스타벅스 = **Starbucks**

I am going to Starbucks.

* Starbucks와 같은 고유명사는 앞 글자를 항상 대문자로 표기.

03 나한테 줘.

나에게까지 연결되게 줘.

주다 = give
줘. = Give it.
나 = me

Give it to me.

04 난 뉴욕에 갔어.

난 뉴욕까지 연결되게 갔어.

가다 = go (과거형은 went)
난 갔어. = I went.
뉴욕 = New York

I went to New York.

* New York과 같은 특정 지명도 앞 글자를 항상 대문자로 표기.

05 나를 병원에 데려다줘.

나를 병원까지 연결되게 데려다줘.

데려다주다 = take
나를 데려다줘. = Take me.
병원 = hospital

Take me to the hospital.

06 이 문을 여는 열쇠

이 문까지 연결되는 열쇠

열쇠 = key
문 = door

The key to the door

07 너 내 말을 듣고 있니?

너 내 말까지 연결되어 듣고 있니?

듣다 = **listen** (듣고 있는 = **listening**)
너 듣고 있니? = **Are you listening?**
나 = **me** (위에선 문맥상 '내 말'로 해석)

Are you listening to me?

08 그거 나에겐 좋은데?

그거 나에게까지 연결되어 좋은 느낌을 줘.

그거 ____인 것 같다. = **That sounds ____.**
그거 좋다. = **That sounds good.**
나 = **me**

That sounds good to me.

* 'That sounds good'은 '그거 좋게 들린다 → 그거 좋다'와 같이 풀이.

12시부터 6시까지 연결되는
(업무 시간, 운영 시간 등)

____부터 = from ____
12시 = noon

From noon to 6:00

널 만나게 되기까지 연결되어
반가워.

좋다[반갑다]. = Nice.
너를 만나다 = meet you

Nice to meet you.

STEP 2 입에 찰싹! 붙이기

5·5·5 연습

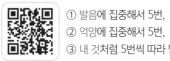

① 발음에 집중해서 5번,
② 억양에 집중해서 5번,
③ 내 것처럼 5번씩 따라 말하기

MP3_019

연속 듣기

5·5·5 연습이 끝난 후
한 번에 쭉~ 연이어 듣고
문장 곱씹기

MP3_020

---

01 A bus to school

발음	억양	내것
正	正	正

---

02 I am going to Starbucks.

발음	억양	내것
正	正	正

---

03 Give it to me.

발음	억양	내것
正	正	正

---

04 I went to New York.

발음	억양	내것
正	正	正

---

05 Take me to the hospital.

발음	억양	내것
正	正	正

---

06 The key to the door

발음	억양	내것
正	正	正

---

07 Are you listening to me?

발음	억양	내것
正	正	正

---

08 That sounds good to me.

발음	억양	내것
正	正	正

---

09 From noon to 6:00

발음	억양	내것
正	正	正

---

10 Nice to meet you.

발음	억양	내것
正	正	正

문장 10개에 이어 아래의 한글 표현 & 문장들을 영어로 바꿔 말해 봅시다.

11 이건 부산으로 가는 기차예요.

> 이것은 ~예요. = This is ~. / 기차 = train / 부산 = Busan

12 저게 학교 가는 버스인가요?

> 저게 ~인가요? = Is that ~? / 버스 = bus / 학교 = school

13 난 그 파티에 갈 거야.

> 난 갈 거야. = I'm going. / 파티 = party

14 우린 제주도에 갈 거야.

> 우린 갈 거야. = We are going. / 제주도 = Jeju island

15 저 사람한테 줘.

> 줘. = Give it. / 그, 저 사람 = him

16 그것들 다 나한테 줘.

> 그것들 (다) 줘. = Give them. / 나 = me

17 그는 서울대에 갔어요.

> 그는 갔어요. = He went. / 서울대 = SNU (Seoul National University)

18 그는 런던으로 돌아갔어요.

> 그는 돌아갔어. = He went back. / 런던 = London

19 이 주소로 데려다주세요.

> 절 데려다주세요. = Take me. / 이 주소 = this address

20 공항에 좀 데려다주시겠어요?

> ~해 주시겠어요? = Can you ~? / 공항 = airport

11 This is the train to Busan.

발음 억양 내것
正 正 正

12 Is that the bus to school?

발음 억양 내것
正 正 正

13 I'm going to the party.

발음 억양 내것
正 正 正

14 We are going to Jeju island.

발음 억양 내것
正 正 正

15 Give it to him.

발음 억양 내것
正 正 正

16 Give them to me.

발음 억양 내것
正 正 正

17 He went to SNU.

발음 억양 내것
正 正 正

18 He went back to London.

발음 억양 내것
正 正 正

19 Take me to this address, please.

발음 억양 내것
正 正 正

20 Can you take me to the airport, please?

발음 억양 내것
正 正 正

Wait! 아직 안 끝났어요!

조금만 더 분발해 입근육을 쫙~ 풀어 봅시다!

21 행복의 열쇠

> 열쇠 = key / 행복 = happiness

22 그게 문 열쇠야?

> 그게 ~야? = Is that ~? / 열쇠 = key / 문 = door

23 너 내 말 안 듣고 있네.

> 너 안 듣고 있네. = You are not listening. / 나 = me

24 내 말 아주 잘 들어 봐.

> (아주) 잘 들어 봐. = Listen (very) carefully.

25 저한테 괜찮아 보이는데요.

> 괜찮아 보여요. = Looks good.

26 다들 저에게 굉장히 잘해 줘요.

> 다들(그들 다) ~해요. = They are all ~. / 굉장히 좋은[잘하는] = so good

27 11월부터 2월까지

> 11월 = November / 2월 = February

28 월요일부터 금요일까지

> 월요일 = Monday / 금요일 = Friday

29 (다시) 만나 뵙게 되어 반갑습니다.

> 좋은[반가운] = good / 당신을 보다[만나다] = see you

30 (처음) 만나 뵙게 되어 반갑습니다.

> 기쁜[반가운] = glad / 당신을 만나다 = meet you

21   The key to happiness

발음 억양 내것
正   正   正

22   Is that the key to the door?

발음 억양 내것
正   正   正

23   You are not listening to me.

발음 억양 내것
正   正   正

24   Listen to me very carefully.

발음 억양 내것
正   正   正

25   Looks good to me.

발음 억양 내것
正   正   正

26   They are all so good to me.

발음 억양 내것
正   正   正

27   From November to February

발음 억양 내것
正   正   正

28   From Monday to Friday

발음 억양 내것
正   正   正

29   Good to see you.

발음 억양 내것
正   正   正

30   Glad to meet you.

발음 억양 내것
正   正   正

There is no way to peace,

peace is the way.

평화로 가는 길은 없다.
평화가 길이다.

– 마하트마 간디 –
(Mahatma Gandhi)

대한민국·기초영어말하기·교과서·국민영어법

05

for

이렇게 배웠다

~위해

국영법은 이렇게 알려준다

머리로
떠올리는

여러분은 지금까지 [for]를 [~위해]라고만 알고 계셨을 텐데요. 하지만 [for]의 본질은 바로 아래와 같습니다.

for
= 머릿속으로
떠올리는 그림

[for]는 가장 많이 쓰이는 단어 12위에 오를 만큼 다양한 뜻을 가지고 있는 단어입니다. 그런데 [위해]라고만 알고 있어서 제대로 써먹지 못하는 안타까운 단어 중 하나인데요. 앞으로는 [for] = [머릿속으로 무언가를 떠올리는] 그림을 연상하시면 됩니다. 예시를 한번 볼까요?

너를 위한 선물
산책 하러 가자!
삼성 에서 일해요.

'위한, 하러, 에서' 모두 각각 다른 단어들인데 영어로 어떻게 표현해야 할까요? '[for] = [머릿속으로 떠올리는] 그림'이라는 것만 알면 모두 표현 가능합니다.

너를 위한 **선물**
너를 머릿속으로 떠올리며 (만든/산/주는) 선물
A gift for you

산책하러 가자!
산책을 머릿속으로 떠올리며 가자!
→ 산책을 하기 위해 가자!
Let's go for a walk!

삼성에서 **일해요.**
삼성(이란 조직)을 머릿속으로 떠올리며 일해요.
→ 삼성을 위해 일해요.
I am working for Samsung.

이처럼 '[for] = [머릿속으로 떠올리는] 그림'이라는 것만 알면 아주 쉽게 표현할 수 있습니다. [for]는 아래와 같은 표현으로도 확장 가능합니다.

(커피를 머릿속으로 떠올리며) 커피에 대해 고마워!
= **Thanks for the coffee.**

(점심을 머릿속으로 떠올려 봤을 때) 점심으로 뭐 먹을래?
= **What do you want for lunch?**

10분(이라고 머릿속에 떠오르는) 동안이요.
= **For 10 minutes.**
→ 시간은 잡거나 만질 수 없는, 머리로만 떠올리는 개념

01 널 위한 선물이야.

너를 머릿속으로 떠올리며
주는(준비한) 선물이야.

____이야. = It's ____.
선물 = gift
너 = you

It's a gift for you.

02 산책하러 가자!

산책을 머릿속으로 떠올리며 가자!
→ 산책을 하기 위해 가자!

가다 = go
가자. = Let's go.
산책 = walk

Let's go for a walk!

그녀는 삼성을
머릿속으로 떠올리며 **일하고 있어요.**
→ 그녀는 삼성을 위해 **일해요.**

일하다 = **work** (일하고 있는 = **working**)
그녀는 일하고 있어요. = **She is working.**

She is working for Samsung.

* 위에서 '~에서 일하고 있어요'는 '~에서 일해요'라고 풀이 가능.

(당신이 준 커피를 머릿속으로 떠올리며)
→ 커피에 대해 **고마워요.**

고마워요. = **Thanks.**
커피 = **coffee**

Thanks for the coffee.

* the coffee = (당신이 아까 사 준) 그 커피

05 저녁으로 뭐가 좋아?

저녁을 머릿속으로 떠올려 봤을 때 (메뉴로) 무엇을 원해?

넌 무엇을 ____해? = **What do you** ____?
넌 무엇을 원해? = **What do you want**?
저녁 (식사) = **dinner**

What do you want for dinner?

* 'What do you want?'는 '넌 무엇을 원해? → 넌 뭐가 좋아?'로 풀이 가능.

06 여권을 찾고 있어요.

여권을 머릿속으로 떠올리며 보고 있어요.

보다 = **look** (보고 있는 = **looking**)
난 보고 있어요. = **I am looking**.
나의 여권 = **my passport**

I am looking for my passport.

점심을 머릿속으로 떠올려 봤을 때
(먹을) 준비됐니?

준비된 = **ready**
너 준비됐니? = **Are you ready**?
점심 (식사) = **lunch**

Are you ready for lunch?

5분(이라고 머릿속에 떠오르는 시간) 동안

＊ '시간'은 만질 수도, 볼 수도 없는
   머릿속으로 떠올리는 '추상적 개념'이기에
   [for]를 써서 표현.

For five minutes

＊ '5분'은 '분(minute)'이 5개가 모인 복수형이므로 'five minutes'

09 나를 기다려 줘.

나를 머릿속으로 떠올리며
기다려 줘.

기다려 줘. = **Wait**.
나 = **me**

Wait for **me**.

10 너에게 잘 됐다.

너를 머릿속으로 떠올렸을 때
좋은 일이다.

잘됐다[좋은 일이다]. = **Good**.
너 = **you**

Good for **you**.

STEP 2 입에 찰싹! 붙이기

5·5·5 연습

① 발음에 집중해서 5번,
② 억양에 집중해서 5번,
③ 내 것처럼 5번씩 따라 말하기

MP3_025

연속 듣기

5·5·5 연습이 끝난 후
한 번에 쭉~ 연이어 듣고
문장 곱씹기

MP3_026

	발음	억양	내것
01 It's a gift for you.	正	正	正
02 Let's go for a walk!	正	正	正
03 She is working for Samsung.	正	正	正
04 Thanks for the coffee.	正	正	正
05 What do you want for dinner?	正	正	正
06 I am looking for my passport.	正	正	正
07 Are you ready for lunch?	正	正	正
08 For five minutes	正	正	正
09 Wait for me.	正	正	正
10 Good for you.	正	正	正

문장 10개에 이어 아래의 한글 표현 & 문장들을 영어로 바꿔 말해 봅시다.

11 널 위한(떠올리며 주는) 선물이야.

> (여기) ~야. = Here's ~. / 선물 = gift

12 널 위한(떠올리며 산) 선물이 있어.

> 내게 ~이 있어. = I have ~.

13 드라이브(를 떠올리며) 가자.

> 가자. = Let's go. / 드라이브 = drive

14 그걸 떠올리며 가 보자! → 해 보자!

> 가재[가 보자] = Let's go.

15 그는 FBI에서(를 떠올리며) 일해.

> 그는 일해. = He works.

16 그녀는 나를 떠올리며 일해. → 그녀는 내 직원이야.

> 그녀는 일해. = She works.

17 탄 것을 떠올려 보니 고마워. → 태워 줘서 고마워.

> 고마워. = Thanks. / 타다; 타기 = ride

18 충고(를 떠올려 보니) 고마워.

> 충고 = advice

19 너 네 생일에(을 떠올려 봤을 때) 뭘 원해?

> 넌 뭘 원해? = What do you want? / 너의 생일 = your birthday

20 너 크리스마스에(를 떠올려 봤을 때) 뭘 원해?

> 크리스마스 = Christmas

11   Here's a gift for you.

발음	억양	내것
正	正	正

12   I have a gift for you.

발음	억양	내것
正	正	正

13   Let's go for a drive.

발음	억양	내것
正	正	正

14   Let's go for it!

발음	억양	내것
正	正	正

15   He works for the FBI.

발음	억양	내것
正	正	正

16   She works for me.

발음	억양	내것
正	正	正

17   Thanks for the ride.

발음	억양	내것
正	正	正

18   Thanks for the advice.

발음	억양	내것
正	正	正

19   What do you want for your birthday?

발음	억양	내것
正	正	正

20   What do you want for Christmas?

발음	억양	내것
正	正	正

Wait! 아직 안 끝났어요!

조금만 더 분발해 입근육을 쫙~ 풀어 봅시다!

21 누굴 (떠올리며) 좀 찾고 있어요.

> 난 보고[찾고] 있어요. = I'm looking. / 누구 = someone

22 너 이거(를 떠올리며) 찾고 있어?

> 넌 보고[찾고] 있니? = Are you looking? / 이것 = this

23 너 이거(를 떠올려 봤을 때) 준비됐어?

> 너 준비됐니? = Are you ready?

24 나 이거(를 떠올려 봤을 때) 준비 안 됐어.

> 난 준비 안 됐어. = I'm not ready.

25 잠깐(이라고 떠오르는 시간 동안) 너랑 얘기해도 돼?

> 나 너랑 얘기하도 돼? = Can I talk to you? / 잠깐 = a minute

26 잠깐만(이라고 떠오르는 시간 동안) 기다려 줄 수 있어?

> 기다려 줄 수 있어? = Can you wait? / 잠깐만 = just a minute

27 우릴 (떠올리며) 기다려 줘.

> 기다려 줘. = Wait. / 우리 = us

28 널 (떠올리며) 기다릴게.

> 내가 ~할게. = I'll ~. / 기다리다 = wait

29 다이어트에(를 떠올려 보자면) 좋아.

> 좋아. = It's good. / 다이어트 = diet

30 개들에게(을 떠올려 보자면) 안 좋아.

> 안 좋아. = It's not good. / 개 = dog

21   I'm looking for someone.

발음 억양 내것
正   正   正

22   Are you looking for this?

발음 억양 내것
正   正   正

23   Are you ready for this?

발음 억양 내것
正   正   正

24   I'm not ready for this.

발음 억양 내것
正   正   正

25   Can I talk to you for a minute?

발음 억양 내것
正   正   正

26   Can you wait for just a minute?

발음 억양 내것
正   正   正

27   Wait for us.

발음 억양 내것
正   正   正

28   I'll wait for you.

발음 억양 내것
正   正   正

29   It's good for a diet.

발음 억양 내것
正   正   正

30   It's not good for dogs.

발음 억양 내것
正   正   正

Life isn't about waiting for the storm to pass.
It's about learning how to dance in the rain.

인생은 폭풍이 지나가기를 기다리는 것이 아니다.
빗속에서 춤추는 법을 배우는 것이다.

– 비비안 그린 –
(Vivian Greene)

대한민국 · 기초영어말하기 · 교과서 · 국민영어법

06

at

이렇게 배웠다

∼에

국영법은 이렇게 알려준다

• 콕 찍는
그림

지금까지 [at]를 [~에]로 알고 계셨을 텐데요. [at]의 본질은 [콕! 찍는] 그림입니다. 바로 아래와 같은 느낌이죠.

at = 콕! 찍는 손가락

[at]은 시간, 장소에 대표적으로 쓰이는 [그림말(전치사)]입니다. 따라서 [at]이 나왔을 땐 **손가락을 들어** 점을 콕! 찍는 그림을 연상해 보세요. 이 [콕! 찍는] 그림으로 모든 걸 설명할 수 있습니다. 예시를 한번 살펴볼까요?

나 **를** 봐.

7시 **에** 시작해.

그 사람 **한테** 화났니?

'를, 에, 한테'를 '[콕 찍는] 손가락'으로 연상해 보세요. '나를 → (여러 사람들 중) 콕! 찍어 **나를** / 7시**에** → (1시~12시 중) 콕! 찍어 **7시**에 / 그 사람**한테** → (여러 사람들 중) 콕! 찍어 **그 사람**한테'라고 연상하면 '[콕! 찍는] 그림이니까 [at]을 쓰면 되겠구나'라는 생각으로 연결될 수 있습니다.

나를 봐.
콕! 찍어 나를 봐.
Look at me.

7시에 시작해.
콕! 찍어 7시에 시작해.
It starts at 7.

그 사람한테 화났니?
콕! 찍어 그 사람한테 화났니?
Are you mad at him?

이렇듯, '를, 에, 한테' 모두 여러 가지 중 하나를 [콕! 찍는] 그림이라는 것만 연상하면 [at]을 써서 아주 쉽게 표현할 수 있습니다. 정말 간단하죠? [at]은 아래와 같은 다양한 표현으로도 확장 가능합니다.

저는 집에(지도상에서 우리 집을 콕!) 있어요.
= **I'm at home.**

저는 20살에(1살부터 100살 사이에서 20살에 콕!) 결혼했어요.
= **I got married at 20.**

저는 애플에서(여러 회사 중 애플에서 콕!) 일해요.
= **I work at Apple.**

자, 이제 [at]이 어떤 느낌으로 쓰이는지 이해가 되시나요?

01 나를 봐.

콕! 찍어 **나를 봐.**

봐. = **Look.**
나 = **me**

Look at **me.**

02 난 스포츠를 잘해.

난 콕! 찍어 **스포츠를 잘해.**

난 ___야. = **I am** ___.
잘하는, 능한 = **good**
스포츠 = **sports**

I am good at **sports.**

03 너 나한테 화났니?

**나한테(나라는 대상을 콕!)
화났니?**

너는 ____이니? = Are you ____?
몹시 화난 = mad
나 = me

Are you mad at me?

* mad는 '미친'이라는 뜻 외에 '몹시 화난'이라는 뜻도 있음.

04 개가 소년에게 짖었어.

**개가 소년에게(소년이란 대상에게 콕!)
짖었어.**

개 = dog
짖다 = bark (과거형은 barked)
소년 = boy

The dog barked at the boy.

* 영어에서 동사의 과거형은 주로 '동사-ed' 형태.

가장 적은 지점을
콕! 찍었을 때

최소(의), 가장 적은 = least

At least

그는 콕! 찍어 직장에 있어요.

그는 ____에 있어요. = He is ____.
직장, 일터 = work

He is at work.

* work는 '일하다'라는 뜻 외에 '직장, 일터'라는 뜻도 있음.

07 너 어디에 있어?

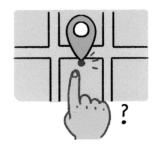

너 (지도상에서 콕!) 어디에 있어?

어디 = **where**
너 어디 있어? = **Where are you**?

Where are you at?

08 그녀는 애플에서 일해.

그녀는 콕! 찍어 애플에서 일해.

일하다 = **work**
그녀는 일해. = **She works**.
애플(이라는 회사) = **Apple**

She works at Apple.

* He, She, It 등이 주어일 때는 동사 뒤에 '-(e)s'가 붙음.

09 그 쇼는 오후 7시에 시작해.

그 쇼는
오후 7시에(7시라는 시간을 콕!) 시작해.

시작하다 = start
그 쇼는 시작해. = The show starts.
오후 7시 = 7 p.m.

The show starts at 7 p.m.

10 난 18살에 결혼했어.

난 18살에(18살이라는 나이를 콕!)
결혼했어.

결혼하다 = get married
(과거형은 got married)

I got married at 18.

STEP 2 입에 찰싹! 붙이기

5·5·5 연습

① 발음에 집중해서 5번,
② 억양에 집중해서 5번,
③ 내 것처럼 5번씩 따라 말하기

MP3_031

연속 듣기

5·5·5 연습이 끝난 후
한 번에 쭉~ 연이어 듣고
문장 곱씹기

MP3_032

	발음	억양	내것
01 Look at me.	正	正	正
02 I am good at sports.	正	正	正
03 Are you mad at me?	正	正	正
04 The dog barked at the boy.	正	正	正
05 At least	正	正	正
06 He is at work.	正	正	正
07 Where are you at?	正	正	正
08 She works at Apple.	正	正	正
09 The show starts at 7 p.m.	正	正	正
10 I got married at 18.	正	正	正

문장 10개에 이어 아래의 한글 표현 & 문장들을 영어로 바꿔 말해 봅시다.

11 (콕! 찍어) 나 보지 마.

~하지 마. = Don't ~. / 보다 = look

12 (콕! 찍어) 그녀를 봐.

봐. = Look. / 그녀 = her

13 나 (콕! 찍어) 그거 잘해.

난 ~야. = I'm ~. / 잘하는, 능한 = good

14 너 (콕! 찍어) 그거 잘해?

너 ~이니? = Are you ~?

15 나 (콕! 찍어) 너한테 화 안 났어.

난 ~이지 않아. = I'm not ~. / 몹시 화난 = mad

16 난 (콕! 찍어) 내 자신에게 화가 나.

나 자신 = myself

17 (콕! 찍어) 내게 와! → 덤벼!

오다 = come

18 (콕! 찍어) 날 그렇게 빤히 쳐다보지 마.

빤히 쳐다보다 = stare / 그렇게 = like that

19 그녀는 적어도 20살인 게 분명해.

그녀는 ~인 게 분명해. = She must be ~.

20 한 시간, 많아야[기껏해야] 두 시간이야.

시간 = hour / 가장 많은 = most → 콕! 찍어 가장 많아야 = at most

11   Don't look at me.

발음 억양 내것
正 正 正

12   Look at her.

발음 억양 내것
正 正 正

13   I'm good at it.

발음 억양 내것
正 正 正

14   Are you good at it?

발음 억양 내것
正 正 正

15   I'm not mad at you.

발음 억양 내것
正 正 正

16   I'm mad at myself.

발음 억양 내것
正 正 正

17   Come at me!

발음 억양 내것
正 正 正

18   Don't stare at me like that.

발음 억양 내것
正 正 正

19   She must be at least 20.

발음 억양 내것
正 正 正

20   Ah hour, two at most.

발음 억양 내것
正 正 正

Wait! 아직 안 끝났어요!

조금만 더 분발해 입근육을 쫙~ 풀어 봅시다!

21 그녀는 (콕! 찍어) 집에 있어.

> 그녀는 ~에 있어. = She's ~. / 집 = home

22 그들은 (콕! 찍어) 해변에 있어.

> 그들은 ~에 있어. = They're ~. / 해변 = beach

23 너 (콕! 찍어) 직장에 있어?

> 너 ~에 있어? = Are you ~? / 직장, 일터 = work

24 너 (콕! 찍어) 에이미네 집에 있어?

> 에이미네 집 = Amy's (뒤에 house(집)가 생략된 형태)

25 전 (콕! 찍어) 은행에서 일해요.

> 저는 일해요. = I work. / 은행 = bank

26 그는 (콕! 찍어) MBC에서 일해요.

> 그는 일해요. = He works.

27 그 영화는 (콕! 찍어) 7시에 시작해.

> 그 영화는 시작해. = The movie starts.

28 (콕! 찍어) 10시에 끝나.

> 끝나. = It finishes.

29 그는 (콕! 찍어) 14살에 대학에 갔어.

> 그는 ~에 갔어. = He went to ~. / 대학 = college

30 인생은 (콕! 찍어) 60부터 시작이야.

> 인생은 시작해. = Life begins.

118

21   She's at home.

발음 억양 내것
正 正 正

22   They're at the beach.

발음 억양 내것
正 正 正

23   Are you at work?

발음 억양 내것
正 正 正

24   Are you at Amy's?

발음 억양 내것
正 正 正

25   I work at the bank.

발음 억양 내것
正 正 正

26   He works at MBC.

발음 억양 내것
正 正 正

27   The movie starts at 7.

발음 억양 내것
正 正 正

28   It finishes at 10.

발음 억양 내것
正 正 正

29   He went to college at 14.

발음 억양 내것
正 正 正

30   Life begins at 60.

발음 억양 내것
正 正 正

**You can't stay mad
at someone who makes you smile.**

당신을 웃게 만드는 사람에게
계속 화를 낼 수 없다.

– 제이 레노 –
(Jay Leno)

07

on

이렇게 배웠다

~위에

국영법은 이렇게 알려준다
점들이 모여
만들어진

면

지금까지 [on]을 [~위에]로 알고 계셨을 텐데요. **[on]의 본질은 [면]의 이미지입니다. 바로 아래와 같은 느낌이죠.**

[on] 역시 지난 시간에 배운 [at]과 마찬가지로 시간과 장소를 나타낼 때 많이 쓰이는 필수 [그림말(전치사)] 중 하나입니다. 그리고 지난 시간에 배운 [at]이 [콕! 찍는] 점의 이미지였다면, **[on]은 이 점들이 모여서 만들어 낸 [면]의 이미지**라고 생각하시면 됩니다. 예시를 한번 살펴볼까요?

벽	에	걸어 줘.
문은 왼쪽	에	있어요.
버스	에	타.

위에서 '벽에'라는 말을 들었을 땐 '평면의 벽' 이미지를, '왼쪽에'라는 말을 들었을 땐 '왼쪽에 있는 (벽)면'의 이미지를, 그리고 '버스에'라는 말을 들었을 땐 '(탈 때 발이 닿는) 버스의 바닥 면'의 이미지를 떠올려 보세요.

벽에 걸어 줘.
벽면에 뒤.
Put it on the wall.

문은 왼쪽에 있어요.
문은 왼쪽 (벽)면에 있어요.
The doors are on your left.

버스에 타.
버스 바닥 면에 (올라)타.
Get on the bus.

이렇듯, '평면 모양의 벽, 왼쪽에 있는 벽면, 버스의 바닥 면'과 같은 그림에 [on] = 평평한 [면] 이미지를 연관 지으면 아주 쉽게 영어로 표현할 수 있습니다. 또한, [on]은 아래와 같은 표현으로도 확장 가능합니다.

나에게 기대. → 내 (어깨) 면에 기대.
= **Lean on me**.

TV 켜. → **TV를** + 극과 -극이 면으로 맞닿도록 스위치를 **돌려.**
= **Turn on the TV**.

셔츠 입어. = 셔츠를 몸이란 면에 닿도록 뒤.
= **Put on your shirt**.

자, 이제 [on]이 어떤 느낌으로 쓰이는지 이해가 되시나요?

01 그 테이블에 둬.

그 테이블 면에 둬.

두다 = put
둬. = **Put it**.
테이블 = **table**

Put it on the table.

02 벽에 걸어 줘.

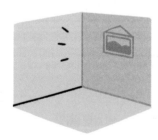

벽면에 둬.

벽 = **wall**

Put it on the wall.

03 문은 당신 왼쪽에 있어요.

문은 당신의 왼쪽 (벽)면에 있어요.

문 = door
문은 ____에 있어요. = The doors are ____.
당신의 왼쪽 = your left

The doors are on your left.

04 밝은 면을 봐.

밝은 면(빛이 비추어진 면)을 봐.

보다 = look
밝은 면 = bright side

Look on the bright side.

05 버스에 타.

버스 바닥 면에 (올라)타.

타다 = **get** / 버스 = **bus**

* 버스, 지하철, 비행기처럼
  탑승 후 '면'을 밟고 걸어 다니면 get <u>on</u>.
  그럴 수 없는 승용차, 택시는 get <u>in</u>

Get on the bus.

06 나에게 기대.

내 (어깨) 면에 기대.

기대다 = **lean**
나 = **me**

Lean on me.

불을 +극과 −극이 면으로 맞닿도록
스위치를 **돌려.**

돌리다 = **turn**
불 = **light**

Turn on the light.

* 'turn on'을 '켜다'라는 뜻의 표현으로 입에 붙여 두기.

재킷을
몸이란 면에 닿도록 **둬.**

두다 = **put**
너의 재킷 = **your jacket**

Put on your jacket.

* 'put on을 '입다, 걸치다'라는 뜻의 표현으로 입에 붙여 두기.

09 수요일에

('시간'이라는 점 24개가 모여 만들어진)
수요일이라는 면[날]에

수요일 = Wednesday

On Wednesday

10 나가는 중이야.

나는 길 면에 (발을 두고 가고) 있어.

나 ____에 있어. = I am ____.
나의 길 = my way

I am on my way.

5·5·5 연습

① 발음에 집중해서 5번,
② 억양에 집중해서 5번,
③ 내 것처럼 5번씩 따라 말하기

MP3_037

연속 듣기

5·5·5 연습이 끝난 후
한 번에 쭉~ 연이어 듣고
문장 곱씹기

MP3_038

		발음	억양	내것
01	Put it **on** the table.	正	正	正
02	Put it **on** the wall.	正	正	正
03	The doors are **on** your left.	正	正	正
04	Look **on** the bright side.	正	正	正
05	Get **on** the bus.	正	正	正
06	Lean **on** me.	正	正	正
07	Turn **on** the light.	正	正	正
08	Put **on** your jacket.	正	正	正
09	**On** Wednesday	正	正	正
10	I am **on** my way.	正	正	正

문장 10개에 이어 아래의 한글 표현 & 문장들을 영어로 바꿔 말해 봅시다.

11 바닥(면)에 둬.

둬. = Put it. / 바닥 = ground

12 인스타그램(이란 면[플랫폼])에 올려.

올려. = Post it. / 인스타그램 = Instagram

13 네 얼굴(면)에 있어.

~에 있어. = It's ~. / 너의 얼굴 = your face

14 천장(면)에 파리가 앉아 있어.

~가 있어. = There is ~. / 파리 = fly / 천장 = ceiling

15 그는 너 오른쪽(면)에 있어!

그는 ~에 있어. = He's ~. / 너의 오른쪽 = your right

16 엥? 천장(면)에 있네.

어머나, 엥 = my god

17 (점들이 모여 쭉 이어지는) 면으로 가. → 계속해.

가다 = go

18 면을 잡고 있어. → 잠시만.

잡다, 쥐다 = hold

19 바닥(면)으로 내려가.

내려(가). = Get down.

20 그를 전화기 면으로 데려와. → 걔 전화 바꿔.

그를 데려와. = Get him. / 전화기 = phone

11   Put it on the ground.

발음 억양 내것
正   正   正

12   Post it on Instagram.

발음 억양 내것
正   正   正

13   It's on your face.

발음 억양 내것
正   正   正

14   There is a fly on the ceiling.

발음 억양 내것
正   正   正

15   He's on your right!

발음 억양 내것
正   正   正

16   My god, it's on the ceiling.

발음 억양 내것
正   正   正

17   Go on.

발음 억양 내것
正   正   正

18   Hold on.

발음 억양 내것
正   正   正

19   Get down on the ground.

발음 억양 내것
正   正   正

20   Get him on the phone.

발음 억양 내것
正   正   正

조금만 더 분발해 입근육을 쫙~ 풀어 봅시다!

21   나(라는 면)에게 집중해.

집중해. = Focus. / 나 = me

22   (계산서가) 나라는 면에 놓여 있어. → 내가 낼게.

~에 (놓여) 있어. = It's ~.

23   전원 켜.

(전원을) 켜다 = turn on

24   TV 켜.

25   신발 신어.

입다/신다/쓰다 = put on / 너의 신발 = your shoes

26   마스크 써.

너의 마스크 = your mask

27   금요일(이라는 면[날])에 봐.

(다음에) 보자. = See you. / 금요일 = Friday

28   일요일(이라는 면[날])에 비 올 거야.

비 올 거야. = It'll rain. / 일요일 = Sunday

29   넌 너의 길 면에 (발을 두고 오고) 있니? → 오고 있니?

넌 ~에 있니? = Are you ~? / 너의 길 = your way

30   무엇이 너의 마음 면에 있어? → 무슨 생각해?

무엇이 ~에 있니? = What's ~? / 너의 마음 = your mind

21 Focus on me.

발음 억양 내것
正 正 正

22 It's on me.

발음 억양 내것
正 正 正

23 Turn it on.

발음 억양 내것
正 正 正

24 Turn on the TV.

발음 억양 내것
正 正 正

25 Put on your shoes.

발음 억양 내것
正 正 正

26 Put on your mask.

발음 억양 내것
正 正 正

27 See you on Friday.

발음 억양 내것
正 正 正

28 It'll rain on Sunday.

발음 억양 내것
正 正 正

29 Are you on your way?

발음 억양 내것
正 正 正

30 What's on your mind?

발음 억양 내것
正 正 正

**You always pass failure
on the way to success.**

성공으로 가는 길에는
늘 실패가 따른다.

– 미키 루니 –
(Mickey Rooney)

08

in

이렇게 배웠다

~안에

국영법은 이렇게 알려준다

면적,
공간

지금까지 [in]을 [~안에]로 알고 계셨을 텐데요. [in]의 본질은 [공간]의 이미지입니다. 바로 아래와 같은 느낌이죠.

in

= 면이 포함하는 면적
면이 모여 만들어 낸 공간

[in] 역시 지난 시간에 배운 [at], [on]과 마찬가지로 시간과 장소를 나타낼 때 많이 쓰이는 필수 [그림말(전치사)] 중 하나인데요. [at]이 하나를 콕! 찍는 [점]의 이미지, [on]이 평평한 [면]의 이미지라면 [in]은 면이 모여 만든 [공간], 면이 포함하는 [범위]입니다. 아래 예시를 한번 살펴볼까요?

난 건물	에	있어.
검은 옷	입은	남자
머리	를	때려.

'건물에 → 건물이라는 공간에'라는 이미지로, '검은 옷 입은 → 검은 옷이라는 공간에 있는'이라는 이미지로, '머리를 → 머리라는 범위를 (겨냥해서)'라는 이미지로 연상하면 '에, 입은, 를' 모두 [in]으로 표현 가능합니다.

난 건물에 있어.
난 건물이라는 공간에 있어.
I am in the building.

검은 옷 입은 남자
검은 옷이라는 공간에 있는 남자
A man in black

머리를 때려.
머리라는 범위를 (겨냥해서) 때려.
Hit it in the head.

이렇듯, [공간 / 범위]라는 이미지가 연상되는 상황들은 [in]으로 표현할 수 있습니다. 또한, 아래와 같은 표현으로도 확장 가능합니다.

전 제주에(제주라는 지도상의 공간에) 살아요.
= I live in Jeju.

영어로(영어라는 범위에서) 말해도 되나요?
= Can I speak in English?

1시간 뒤에(1시간 뒤쯤의 범위를 벗어나지 않게) 돌아올게.
= I'll be back in an hour.

자, 이제 [in]이 어떤 느낌으로 쓰이는지 이해가 되시나요? 참고로 '도시 단위 이상의 지역'에서 산다고 할 때엔 [in]을 써서 말하니 기억해 두세요.

01 나는 건물에 있어.

나는 건물이라는 공간에 **있어.**

나는 ____에 있어. = **I am** ____.
건물 = **building**

I am in **the building.**

02 차에 타.

차라는 공간에 **(들어가서) 타.**

타다 = **get**
차 = **car**

Get in **the car.**

03 검은 옷 입은 남자

검은 옷이란 공간에 있는 **남자**

남자 = **man**
검은색 = **black**
(문맥상 '검은색 옷'으로 해석 가능)

A man in black

04 난 제주에 살아.

난 제주라는 공간에 **살아.**

살다 = **live**
난 살아. = **I live.**
제주(라는 도시) = **Jeju**

I live in Jeju.

* '도시' 이상의 공간[지역]부터는 앞에 'in'을 붙여서 말함.

05 밖을 봐!

(공간을 벗어나) 밖을 봐!

보다 = look

* 위험한 순간엔 안쪽 공간(in)에서 눈을 돌려
'밖'을 보라고 말하기 때문에
in의 반대인 out으로 표현합니다. (Watch out!)

Look out!

06 난 사랑에 빠졌어.

난 사랑이란 공간[상태]에 있어.

난 ____ 에 있어. = I am ____.
사랑 = love

I am in love.

난 1983년이란 범위[기간]에 태어났어.

난 태어났어. = I was born.

I was born in 1983.

* '주, 달, 연도' 앞에는 'in'을 붙여서 말함.

(4분 30초~5분 30초 사이쯤 되는) 5분 뒤쯤의 범위를 벗어나지 않게 돌아올게.

돌아올게. = I'll be back.
5분 = five minutes

I'll be back in five minutes.

09 머리를 때려.

머리라는 범위를 (겨냥해서) 때려.

때리다. 치다 = **hit**
때려. = **Hit it.**
머리 = **head**

Hit it in the head.

10 한국어로 말해도 되나요?

영어
ABC
DEFG
LMN

한국어
ㄱㄴㄷㄹ
ㅁㅂㅅㅇ
ㅈㅊㅋㅌ

**한국어라는 범위에서
말해도 되나요?**

____해도 되나요? = **Can I ____?**
말하다 = **speak**
한국어 = **Korean**

Can I speak in Korean?

STEP 2 입에 찰싹! 붙이기

5·5·5 연습

MP3_043

① 발음에 집중해서 5번,
② 억양에 집중해서 5번,
③ 내 것처럼 5번씩 따라 말하기

연속 듣기

MP3_044

5·5·5 연습이 끝난 후
한 번에 쪽~ 연이어 듣고
문장 곱씹기

---

01 I am in the building.

발음 억양 내것
正 正 正

---

02 Get in the car.

발음 억양 내것
正 正 正

---

03 A man in black

발음 억양 내것
正 正 正

---

04 I live in Jeju.

발음 억양 내것
正 正 正

---

05 Look out!

발음 억양 내것
正 正 正

---

06 I am in love.

발음 억양 내것
正 正 正

---

07 I was born in 1983.

발음 억양 내것
正 正 正

---

08 I'll be back in five minutes.

발음 억양 내것
正 正 正

---

09 Hit it in the head.

발음 억양 내것
正 正 正

---

10 Can I speak in Korean?

발음 억양 내것
正 正 正

143

문장 10개에 이어 아래의 한글 표현 & 문장들을 영어로 바꿔 말해 봅시다.

11 방(이란 공간)에 계신가요?

~에 계신가요? = Are you ~? / 방 = room

12 그는 회의실(이란 공간)에 있어요.

그는 ~에 있어요. = He's ~. / 회의실 = meeting room

13 공간으로 가. → 들어가.

이동하다, 가다 = get

14 여기에서 벗어나 밖으로 가. → 여기서 나가.

밖(으로) = out / 여기 = here

15 흰옷 입은(흰옷이란 공간에 있는) 여자

여자 = woman / 흰색 = white (문맥상 '흰옷'으로 해석 가능)

16 빨간 셔츠 입으신(빨간 셔츠란 공간에 있는) 분!

남자; 사람 = man / 빨간 셔츠 = red shirt

17 그녀는 양양(이란 공간[도시])에 살아.

그녀는 살아. = She lives.

18 서울(이란 공간[도시])에 사세요?

당신은 ~하나요? = Do you ~? / 살다 = live

19 밖을 주시해! → 조심해!

보다, 주시하다 = watch

20 개(를 떠올리며) 조심해!

개 = dog

		발음	억양	내것
11	Are you in the room?	正	正	正
12	He's in the meeting room.	正	正	正
13	Get in.	正	正	正
14	Get out of here.	正	正	正
15	A woman in white	正	正	正
16	The man in the red shirt!	正	正	正
17	She lives in Yang Yang.	正	正	正
18	Do you live in Seoul?	正	正	正
19	Watch out!	正	正	正
20	Watch out for the dog!	正	正	正

Wait! 아직 안 끝났어요!

조금만 더 분발해 입근육을 쫙~ 풀어 봅시다!

21 그는 문제란 범위에 있어. → 그는 문제에 처했어.

> 그는 ~에 있어. = He's ~. / 문제 = problem

22 당신은 서두름이란 범위에 있나요? → 바쁜가요?

> 당신은 ~에 있나요? = Are you ~? / 서두름 = hurry

23 우리는 2002년(이란 기간)에 만났어.

> 우리는 만났어. = We met.

24 9월(이란 기간)에 시작해.

> 시작해. = It begins. / 9월 = September

25 1시간 뒤에(1시간 뒤쯤의 범위를 벗어나지 않게) 돌아올게.

> 돌아올게. = I'll be back. / 1시간 = an hour

26 1시간 안에 돌아올게.

> 돌아올게. = I'll be back. / ~(라는 시간) 안에 = within ~

27 누가 내 등짝을(등이란 범위를 겨냥해서) 때렸어.

> 누군가 날 때렸어. = Someone hit me. / 등 = back

28 네 얼굴을(얼굴이란 범위를 겨냥해서) 때릴 거야.

> 널 때릴 거야. = I'll punch you. / 얼굴 = face

29 한국어로(한국어라는 범위에서) 말할 수 있는 거 있어요?

> 말할 수 있는 거 있어요? = Can you say something?

30 영어로(영어라는 범위에서) 말할게요.

> 말할게요. = I'll speak. / 영어 = English

5·5·5 연습   연속 듣기

MP3_047   MP3_048

21   He's in a problem.

발음 억양 내것
正 正 正

22   Are you in a hurry?

발음 억양 내것
正 正 正

23   We met in 2002.

발음 억양 내것
正 正 正

24   It begins in September.

발음 억양 내것
正 正 正

25   I'll be back in an hour.

발음 억양 내것
正 正 正

26   I'll be back within an hour.

발음 억양 내것
正 正 正

27   Someone hit me in the back.

발음 억양 내것
正 正 正

28   I'll punch you in the face.

발음 억양 내것
正 正 正

29   Can you say something in Korean?

발음 억양 내것
正 正 正

30   I'll speak in English.

발음 억양 내것
正 正 正

147

**Sometimes life hits you in the head with a brick.
Don't lose faith.**

때때로 삶은 당신의 머리를 벽돌로 친다.
그때에도 신념을 잃지 마라.

– 스티브 잡스 –
(Steve Jobs)

대한민국·기초영어말하기·교과서·국민영어법

09

by

이렇게 배웠다

～의해

국영법은 이렇게 알려준다

옆

아마 [by]를 [~의해]라는 의미로 알고 계시는 분들이 많을 수 있을 듯한데요. 하지만 [by]의 핵심 본질은 아래와 같습니다.

by
= 살짝 떨어져
옆에 있는 그림

앞서 배운 [with]가 [딱! 붙은] 그림이라면 [by]는 [살짝 떨어져 옆에 있는] 그림이라 보시면 됩니다. 예시를 통해 어떤 느낌인지 자세히 살펴볼까요?

문 **옆의** 남자

금요일 **까지** 여기로 와.

나 여기 버스 **로** 왔어.

'문 **옆의** → 문에서 살짝 떨어져 옆에 있는, 금요일**까지** → 데드라인이 금요일 옆에 있는, 버스**로** → 버스에 실려서 버스랑 나란히 있는' 이미지를 머릿속에 그려 보세요. '옆의, 까지, 로'라는 한국어 표현을 영어로 바꿀 때 왜 [by]라는 [그림말]을 쓰는지 느낌이 오시나요?

문 옆의 남자
문에서 살짝 떨어져 옆에 있는 남자
A man by the door

금요일까지 여기로 와.
금요일 옆에 있는 데드라인에 맞춰 여기로 와.
Come here by Friday.

나 여기 버스로 왔어.
나 여기 버스(에 실려서 버스)랑 나란히 왔어.
I came here by bus.

그림으로 보니 더 잘 이해되시죠? 아래와 같은 표현으로도 확장 가능합니다.

It's case by case.
상자[케이스] 옆에 다른 상자[케이스]입니다. → 그때그때 달라요.

It was by mistake.
실수의 영향이 옆에 미친 상태였어요. → 실수였어요.

It was written by Heo Jun.
[책 옆에 있는] 허준이 썼어요. → 허준이 썼어요.

위 표현들 역시 [살짝 떨어져 옆에 있는] 그림을 연상하면 더욱 이해가 잘 되실 겁니다. 참고로 '케이스 옆에 다른 케이스가 있다'라는 말은 '(각기 다른 상황이 옆으로 나란히 있기 때문에) 그때그때 다르다'라고 풀이됩니다.

01 문 옆의 남자

문에서 살짝 떨어져 옆에 있는 **남자**

남자 = **man**
문 = **door**

A man by the door

02 내 옆에 서.

나에게서 살짝 떨어져 옆에 **서.**

서다 = **stand**
나 = **me**

Stand by me.

길[주제]에서
살짝 벗어나 보자면,

길 = **way**
(위에서 '길 = 주제[화제]')

By the way,

상자[케이스] 옆에
다른 상자[케이스]입니다.
→ 상황마다 각각 다릅니다.

____입니다. = It's ____.
상자; 경우[케이스] = **case**

It's case by case.

* 'It's person by person. = 사람마다 다르다.

153

**나 여기
버스(에 실려서 버스)랑 나란히 왔어.**

오다 = come (과거형은 **came**)
나 여기 왔어. = **I came here.**
버스 = **bus**

I came here by bus.

* by + bus(버스), taxi(택시), train(기차), air plane(비행기) 등을 다 쓸 수 있습니다.

**카드라는 옆[간접] 수단으로
계산해도 되나요?**

____해도 되나요? = **Can I ____?**
계산하다 = **pay**
카드 = **card**

Can I pay by card?

7   금요일까지 여기로 와.

(데드라인이 금요일 옆에 있다고 연상)
금요일까지 여기로 와.

여기로 와. = **Come here.**
금요일 = **Friday**

Come here by Friday.

* 'By＋시간/요일/날짜'라는 표현은 '~(라는 기한)까지'라고 풀이됨.

8   우연이었어.

**사고[우연] 옆에서 (그 영향을 받아)
일어난 일이었어.**

____였어. = **It was ____.**
사고 = **accident** → 예상치 못한 우연

It was by accident.

09 허준이 썼어.

(책 옆에 있는) 허준이 썼어.

쓰인 = written
쓰였어. = It was written.
(위에선 문맥상 '썼어'라고 풀이)

It was written by Heo Jun.

* 'It was written'과 같은 문장 형태를 '수동태'라고 함. (2권에서 다룰 예정)

10 난 혼자서 일해.

난 내 옆에서 일해.
→ 옆에 다른 사람 없이 혼자서 일해.

난 일해. = I work.
나 자신 = myself

I work by myself.

* all by myself = 다 혼자서

STEP 2 입에 찰싹! 붙이기

5·5·5 연습

MP3_049

① 발음에 집중해서 5번,
② 억양에 집중해서 5번,
③ 내 것처럼 5번씩 따라 말하기

연속 듣기

MP3_050

5·5·5 연습이 끝난 후
한 번에 쪽~ 연이어 듣고
문장 곱씹기

01	A man by the door	발음 正	억양 正	내것 正

02	Stand by me.	발음 正	억양 正	내것 正

03	By the way,	발음 正	억양 正	내것 正

04	It's case by case.	발음 正	억양 正	내것 正

05	I came here by bus.	발음 正	억양 正	내것 正

06	Can I pay by card?	발음 正	억양 正	내것 正

07	Come here by Friday.	발음 正	억양 正	내것 正

08	It was by accident.	발음 正	억양 正	내것 正

09	It was written by Heo Jun.	발음 正	억양 正	내것 正

10	I work by myself.	발음 正	억양 正	내것 正

문장 10개에 이어 아래의 한글 표현 & 문장들을 영어로 바꿔 말해 봅시다.

11 한 남자가 문 옆에 있어.

> ~가 있어. = There's ~. / 남자 = man / 문 = door

12 한 남자가 그녀 바로 옆에 (앉아) 있어.

> ~의 바로 옆에 = next to ~ / 그녀 = her

13 내 옆에 앉아.

> 앉아. = Sit.

14 그는 내 옆을 지나쳐서 걸어갔어.

> 그는 걸어갔어. = He walked.

15 근데, 지금 몇 시지?

> (지금) 몇 시지? = What's the time?

16 근데, 그거 뭐야?

> 그거 뭐야? = What is it?

17 넌 나날이 나아지고 있어.

> 날 옆의 날 → 나날이 = day by day / 넌 나아지고 있어. = You're getting better.

18 조금씩 눈이 사라졌어.

> 조금 옆의 조금 → 조금씩 = little by little / 눈이 사라졌어. = The snow disappeared.

19 그는 기차를 타고 출근해.

> 그는 일터로 개(출근해). = He goes to work. / 기차 = train

20 나 택시 타고 집에 왔어.

> 나 집에 왔어. = I came home. / 택시 = taxi

11   There's a man **by** the door.

발음 억양 내것
正 正 正

12   There's a man **next to** her.

발음 억양 내것
正 正 正

13   Sit **by** me.

발음 억양 내것
正 正 正

14   He walked **by** me.

발음 억양 내것
正 正 正

15   What's the time, **by** the way?

발음 억양 내것
正 正 正

16   What is it, **by** the way?

발음 억양 내것
正 正 正

17   You're getting better day **by** day.

발음 억양 내것
正 正 正

18   Little **by** little the snow disappeared.

발음 억양 내것
正 正 正

19   He goes to work **by** train.

발음 억양 내것
正 正 正

20   I came home **by** taxi.

발음 억양 내것
正 正 正

Wait! **아직 안 끝났어요!**

조금만 더 분발해 입근육을 쫙~ 풀어 봅시다!

21 신용카드(라는 직접 수단으)로 계산해도 될까요?

계산해도 될까요? = Can I pay it? / 신용카드라는 직접 수단으로 = with credit card

22 현금으로 계산해도 될까요?

현금이라는 범위[수단] 내에서 → 현금으로 = in cash

23 내일까지 쓰셔야 합니다.

쓰셔야 합니다. = You must use it. / 내일 = tomorrow

24 우린 내일 오전 9시까지 나와야 해.

우린 ~해야 돼. = We need to ~. / (호텔 등에서) 나오다 = check out

25 우린 우연히 만났어.

우린 만났어. = We met.

26 내가 실수로 그랬어.

실수의 영향이 옆에 미친 → 실수로 = by mistake / 내가 그랬어. = I did it.

27 이 노래는 비틀즈가 썼어요.

이 노래 = this song

28 모나리자는 레오나르도 다빈치가 그렸어요.

~은 그려졌어요. = ~ was painted.

29 저 혼자서 운전할 수 있어요.

저 운전할 수 있어요. = I can drive.

30 저 여기 혼자 있습니다.

저 여기 있습니다. = I'm here.

21 Can I pay it with credit card?

발음 억양 내것
正 正 正

22 Can I pay in cash?

발음 억양 내것
正 正 正

23 You must use it by tomorrow.

발음 억양 내것
正 正 正

24 We need to check out by 9 a.m.

발음 억양 내것
正 正 正

25 We met by accident.

발음 억양 내것
正 正 正

26 I did it by mistake.

발음 억양 내것
正 正 正

27 This song is written by the Beatles.

발음 억양 내것
正 正 正

28 The 'Mona Lisa' was painted by Leonardo Da Vinci.

발음 억양 내것
正 正 正

29 I can drive by myself.

발음 억양 내것
正 正 正

30 I'm here by myself.

발음 억양 내것
正 正 正

161

**Don't judge a book
by its cover.**

표지로
책을 판단하지 말아라.

10

take, have, put

이렇게 배웠다
취하다
가지다
붙이다

국영법은 이렇게 알려준다
가져오다
가지고 있다
꺼내 놓다

아마 대부분의 사람들이 [take / have / put]을 [잡다 / 가지다 / 놓다]라는 해석으로만 알고 계실 텐데, 이 셋은 본질은 아래와 같습니다.

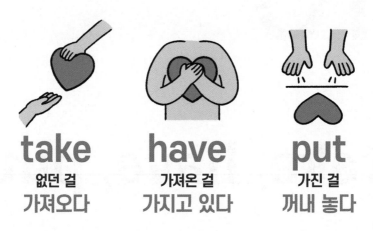

take
없던 걸
가져오다

have
가져온 걸
가지고 있다

put
가진 걸
꺼내 놓다

[take / have / put]은 영어에서 아주 많이 쓰이는 동사들이며, 그 중에서도 [take]는 자주 쓰이는 영어 동사 10위, [have]는 2위입니다. 그리고 [take / have / put]은 하나로 묶어서 이해하시면 매우 효과적입니다. 일단 예문들을 살펴볼까요?

쉽시다. → Let's take a break.
저는 노트북이 있어요. → I have a laptop.
내려놔. → Put it down.

위에 나온 한글 문장 3개를 영어 문장을 매칭시킬 때, **없던 휴식을** [가져오는] 모습, 노트북을 **내 걸로** [가지고 있는] 모습, **자신이 가진 걸** [꺼내 놓는] 모습을 머릿속에 그려 보세요.

쉽시다.
(우리에게 없던) 휴식을 가져옵시다.
Let's take a break.

저는 노트북이 있어요.
저는 노트북을 (제 걸로) 가지고 있어요.
I have a laptop.

내려놔.
(네가 가진 걸) 아래쪽으로 꺼내 놔.
Put it down.

그림으로 보니 더 잘 이해되시죠? 아래와 같은 표현으로도 확장 가능합니다.

Take a seat.
(당신에게 없던) 앉을 자리를 가져가세요. → 앉으세요.

I have to go.
난 가야 하는 상황을 가지고 있어. → 난 가야 해.

Put your hands down.
(네가 가진) 양손을 아래쪽에 꺼내 놔. → 손 내려놔.

계속 서 있던 사람이 앉을 자리를 [가져가는] 모습, 가야만 하는 상황을 [가지고 있는] 모습, 가지고 있는 양손을 아래쪽으로 [꺼내 놓는] 모습을 머릿속으로 그려 보세요. 왜 [take / have / put]을 쓰는지 자연스럽게 느낌이 오시죠?

01 가져가.

(너에게 없던 걸) 가져가.

* 아래의 두 표현을 비교해 보세요.
Take it and <u>throw it</u>. = 가져가서 던져.
Take it and <u>have it</u>. = 가져가서 (너) 가져.

Take it.

02 저는 노트북이 있어요.

저는 노트북을
가지고 있어요.

노트북 = **laptop**
(영어로 'notebook(노트북)'이라고 하면
'공책'을 뜻하기 때문에 주의.)

I have a laptop.

03 내려놔.

(네가 가진 걸)
아래쪽으로 꺼내 놔.

아래로 = **down**

Put it down.

04 쉽시다.

(우리에게 없던) **휴식을**
가져옵**시다.**

____하자. = **Let's** ____.
휴식 = **break**

Let's take a break.

* 'Let's have a break'도 동일한 의미로 사용 가능.

내가 생각 하나를
가지고 있어.

생각, 아이디어 = **idea**
(위에서 idea는 문맥상 '좋은 생각'으로 풀이.)

I have an idea.

* 'a/e/i/o/u'로 시작하는 단어 앞엔 [a] 대신 [an]이 붙음.

(네가 가진) 너의 양손을
위쪽으로 꺼내 놔.

너의 양손 = **your hands**
위로 = **up**

Put your hands up.

07 난 가야 해.

난 가야 하는 상황을 가지고 있어.

가다 = go
가야 하는 상황 = **to go**
('to+동사'는 추후 자세히 배울 예정)

I have to go.

* have to ~ = ~해야 하는 상황을 가지고 있다 → ~해야 한다

08 넌 갈 필요 없어.

넌 가야 하는 상황을 가지고 있**지 않아**.

넌 ____하지 않아. = **You don't** ____.
가야 하는 상황 = **to go**

You don't have to go.

* don't have to ~ = ~해야 하는 상황을 가지고 있지 않다 → ~할 필요 없다

09 좋은 하루 보내.

좋은 하루를 가지도록 해.

좋은 하루 = **good one**
(직역하면 '좋은(good)+하나(one)'이지만
문맥상 '좋은 하루'라고 풀이.)

Have **a good one.**

* 'Have a good day'도 동일한 의미로 사용 가능.

10 전 당신을 죽~ 사랑했어요.

전 당신을 사랑했던 상황을
(지금도) 가지고 있어요.

사랑하다–사랑했다 = **love–loved**
당신을 사랑했던 상황 = **loved you**

I have **loved you.**

* 'have loved'와 같은 'have+p.p.' 형태는 2권에서 자세히 다룰 예정.

5·5·5 연습

① 발음에 집중해서 5번,
② 억양에 집중해서 5번,
③ 내 것처럼 5번씩 따라 말하기

MP3_055

연속 듣기

5·5·5 연습이 끝난 후
한 번에 쭉~ 연이어 듣고
문장 곱씹기

MP3_056

---

01 Take it.

발음	억양	내것
正	正	正

---

02 I have a laptop.

발음	억양	내것
正	正	正

---

03 Put it down.

발음	억양	내것
正	正	正

---

04 Let's take a break.

발음	억양	내것
正	正	正

---

05 I have an idea.

발음	억양	내것
正	正	正

---

06 Put your hands up.

발음	억양	내것
正	正	正

---

07 I have to go.

발음	억양	내것
正	正	正

---

08 You don't have to go.

발음	억양	내것
正	正	正

---

09 Have a good one.

발음	억양	내것
正	正	正

---

10 I have loved you.

발음	억양	내것
正	正	正

문장 10개에 이어 아래의 한글 표현 & 문장들을 영어로 바꿔 말해 봅시다.

11 편안히 가져와. → 진정해.

> 쉬운, 편안한 = easy

12 네 시간을 가져와. → 천천히 해.

> 너의 시간 = your time

13 질문이 있어요.

> 질문 = question

14 두통이 있어요.

> 두통 = headache

15 떨어지게 꺼내 놔. → 저기로 둬.

> 떨어져(서) = away

16 도로 꺼내 놔. → 도로 갖다 놔.

> 다시[도로] = back

17 보는 행위를 가져오자. → 보자.

> ~하자. = Let's ~. / (쳐다)보는 것 = look

18 걷는 행위를 가져오자. → 걷자.

> 걷기, 걷는 것 = walk

19 난 생각을 안 갖고 있어. → 나 모르겠어.

> 난 ~을 안 갖고 있어. = I have no ~. / 생각 = idea

20 너 좋은 생각 있어?

> 년 ~하니? = Do you ~?

172

11 Take it easy.

발음	억양	내것
正	正	正

12 Take your time.

발음	억양	내것
正	正	正

13 I have a question.

발음	억양	내것
正	正	正

14 I have a headache.

발음	억양	내것
正	正	正

15 Put it away.

발음	억양	내것
正	正	正

16 Put it back.

발음	억양	내것
正	正	正

17 Let's take a look.

발음	억양	내것
正	正	正

18 Let's take a walk.

발음	억양	내것
正	正	正

19 I have no idea.

발음	억양	내것
正	正	正

20 Do you have an idea?

발음	억양	내것
正	正	正

Wait! 아직 안 끝났어요!

조금만 더 분발해 입근육을 짝~ 풀어 봅시다!

21 너의 양손을 공중에 꺼내 놔! → 손 들어!

> 너의 양손 = your hands / 공중에 = in the air

22 너의 머리를 아래쪽으로 꺼내 놔. → 머리 숙여.

> 너의 머리 = your head / 아래로 = down

23 나 가야 해?

> 가다 = go

24 나 가야 해.

> 난 ~해야 할 상황을 갖고 있어. = I've got to ~.

25 그렇게 하실 필요가 없어요.

> 그렇게 하다 = do that

26 그러실 필요 없어요.

> 당신은 해야 할 상황이 없어요.(그러실 필요 없어요.) = You don't have to.

27 좌석을 가져요. → 앉아요.

> 좌석, 자리 = seat

28 보는 행위를 가져요. → 봐요.

> (쳐다)보는 것 = look

29 넌 그렇게 한 상황을 갖고 있니? → 그런 적 있니?

> 넌 (그렇게 한 상황을) 갖고 있니? = Have you?

30 네, 전 그렇게 한 상황을 갖고 있어요. → 네, 그런 적 있어요.

> 전 (그렇게 한 상황을) 갖고 있어요. = I have.

21   Put your hands in the air!

발음	억양	내것
正	正	正

22   Put your head down.

발음	억양	내것
正	正	正

23   Do I have to go?

발음	억양	내것
正	正	正

24   I've got to go.

발음	억양	내것
正	正	正

25   You don't have to do that.

발음	억양	내것
正	正	正

26   You don't have to.

발음	억양	내것
正	正	正

27   Have a seat.

발음	억양	내것
正	正	正

28   Have a look.

발음	억양	내것
正	正	正

29   Have you?

발음	억양	내것
正	正	正

30   Yes, I have.

발음	억양	내것
正	正	正

**We have nothing to fear
but fear itself.**

우리에겐 두려움 그 자체 외엔
두려워할 것이 없다.

- 프랭클린 루스벨트 -
(Franklin D. Roosevelt)

11

get

이렇게 배웠다

잡다

국영법은 이렇게 알려준다

변화

지금까지 [get]을 [잡다]라는 의미로만 알고 계시는 분들이 대부분일 텐데요. 하지만 [get]의 핵심 본질은 아래와 같습니다.

get
= 변화하다

[get]은 가장 많이 쓰이는 영어 동사 7위일 정도로 정말 다양한 의미로 활용됩니다. 그리고 이러한 **[get]**을 **[변화하다]라는 이미지**로 머릿속에 떠올리면 정말 쉽게 사용할 수 있는데요. 아래 예시를 한번 살펴볼까요?

난 6시에 일어나. → I **get** up at 6.

차로 가! → **Get** to the car!

저 결혼했어요. → I **got** married.

'6시에 일어난다'는 것을 '(누워 있다가) 6시에 일어나는 상태로 변한다'는 이미지로, '차로 가'라는 것을 '차로 이동해 장소를 변화시켜라'는 이미지로, '결혼했다'는 것을 '(미혼에서) 결혼한 상태로 변했다'라는 이미지로 떠올리면 위의 세 문장 모두 [get]으로 표현 가능합니다.

난 6시에 일어나.
난 (누워 있다가) 6시에 일어나. (상태의 변화)
I get up at 6.

차로 가!
차로 가[이동해]! (장소의 변화)
Get to the car!

저 결혼했어요.
전 (미혼에서) 결혼했어요. (상태의 변화)
I got married.

그림으로 보니 더 잘 이해되시죠? 이렇듯 [get]을 [변화하다]라는 이미지로 인식하면 아래와 같은 다른 표현으로도 확장 가능합니다.

I will get the phone.
내가 전화기가 있는 곳으로 갈게. (장소의 변화)
→ 내가 전화 받을게.

I got it.
내가 그것을 받아들였어. (마음의 변화)
→ 내가 할게.

I don't get it.
저는 그것을 못 받아들이겠어요. (이해도의 변화 불가)
→ 저 이해가 안 가요.

01 난 6시에 일어난다.

난 (누워 있다가) 6시에 일어나.
(상태의 변화)

위로[일어난] = **up**
6시에 = **at 6**

I get up at 6.

* 6시에 → **콕!** 찍어 6시에 = <u>at</u> 6

02 차로 가!

차로 가[이동해]!
(장소의 변화)

차 = **car**
차로 = **to the car**

Get to the car!

* 차로 → 차<u>까지 연결되게</u> = <u>to</u> the car

일하는 곳으로 가!
(장소의 변화)

업무, 일터 = **work**
업무[일터]로 = **to work**

Get **to work!**

* 일하는 곳으로 → 일하는 곳까지 연결되게 = <u>to</u> work

전 (미혼에서)
결혼한 상태로 변했어요.

get의 과거형 → **got**
결혼한 (상태인) = **married**

I got married.

* marry = 결혼하다 → married = 결혼한 상태인

내가 문이 있는 곳으로 갈게.
(장소의 변화)

내가 ____ 할게. = I'll ____.
문 = door

I'll get the door.

나는 (몰랐던 걸)
아는 상태로 변했어.

몰랐던 원리나 해결책을
파악해서 알았다는 느낌의 표현.

I got it.

07 내가 할게.

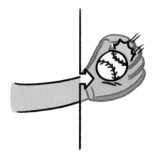

**나는 (내게 닥친 걸)
맡기로 결심한 상태로 변했어.**

마치 내 쪽으로 날아오는 공을 보며
"내가 받아서 처리할게"라고 말하는 느낌의 표현.

I got it.

08 이해했어.

**나는 (명확하지 않았던 걸)
이제 이해한 상태로 변했어.**

명확하지 않았던 것을
이젠 확실히 이해했다는 느낌의 표현.

I get it.

09 저 이해가 안 돼요.

저는 (이해가 안 가는 걸)
이해하는 상태로 못 변하고 있어요.

저는 안[못] ____해요. = I don't ____.

I don't get it.

10 끝내자!

(안 끝난 상태인 걸)
끝난 상태로 변화시키자!

____하자. = Let's ____.
다 끝난[완료된] = done

Let's get it done!

* get A B = A를 B로 변화시키다

5·5·5 연습

① 발음에 집중해서 5번,
② 억양에 집중해서 5번,
③ 내 것처럼 5번씩 따라 말하기

MP3_061

연속 듣기

5·5·5 연습이 끝난 후
한 번에 쭉~ 연이어 듣고
문장 곱씹기

MP3_062

01 I get up at 6.

발음	억양	내것
正	正	正

02 Get to the car!

발음	억양	내것
正	正	正

03 Get to work!

발음	억양	내것
正	正	正

04 I got married.

발음	억양	내것
正	正	正

05 I'll get the door.

발음	억양	내것
正	正	正

06 I got it. (알겠다.)

발음	억양	내것
正	正	正

07 I got it. (내가 할게.)

발음	억양	내것
正	正	正

08 I get it. (이해했어.)

발음	억양	내것
正	正	正

09 I don't get it.

발음	억양	내것
正	正	正

10 Let's get it done!

발음	억양	내것
正	正	正

문장 10개에 이어 아래의 한글 표현 & 문장들을 영어로 바꿔 말해 봅시다.

11 너 오늘 아침에 언제 일어났어(일어난 상태로 변했어)?

> 너 언제 ~했어? = When did you ~? / 오늘 아침에 = this morning

12 나 7시에 일어났어(일어난 상태로 변했어).

> 7시에 = at 7

13 차에서 떨어져(떨어진 상태로 변해)!

> away from ~ = ~에서 떨어진 / 차 = car

14 버스에서 내려(벗어난 상태로 변해).

> (~에서) 벗어난 = off / 버스 = bus

15 본론으로 가(가는 상태로 변해).

> 요점, 본론 = point

16 (지금껏 몰랐던) 서로를 좀 알아 갑시다!

> ~하자. = Let's ~. / 알다 = know / 서로 = each other

17 나 피곤해졌어(피곤한 상태로 변했어).

> 피곤한, 지친 = tired

18 나 점점 긴장돼(긴장된 상태로 변하고 있어).

> 나 ~하고 있어. = I'm ~ing. / 긴장한 = nervous

19 내가 전화(기로 가서) 받을게.

> 내가 ~할게. = I'll ~. / 전화 = phone

20 내가 너한테 물 좀 가져다 줄게.

> (A가 B를 가진 상태로 변하도록) A에게 B를 갖다 주다 = get A B

11   When did you get up this morning?

발음   억양   내것
正   正   正

---

12   I got up at 7.

발음   억양   내것
正   正   正

---

13   Get away from the car!

발음   억양   내것
正   正   正

---

14   Get off the bus.

발음   억양   내것
正   正   正

---

15   Get to the point.

발음   억양   내것
正   正   正

---

16   Let's get to know each other!

발음   억양   내것
正   正   正

---

17   I got tired.

발음   억양   내것
正   正   正

---

18   I'm getting nervous.

발음   억양   내것
正   正   正

---

19   I'll get the phone.

발음   억양   내것
正   正   正

---

20   I'll get you some water.

발음   억양   내것
正   正   正

Wait! 아직 안 끝났어요!

조금만 더 분발해 입근육을 짝~ 풀어 봅시다!

21 너 아는 상태로 변했구나! → 그렇지!

22 당신이 옳았어요(제대로 이해한 상태로 변한 거였어요).

제대로, 정확히 = right

23 여기서부터 (내게 닥친 걸) 내가 맡을게.

여기서부터 = from here

24 난 어제 (없었던 걸) 얻은 상태로 변했어. → 어제 얻었어.

어제 = yesterday

25 너 이해한 상태로 변한 거니? → 이해했니?

넌 ~하니? = Do you ~?

26 넌 얻은 상태로 변했니? → 그거 얻었니?

넌 ~했니? = Did you ~?

27 넌 아는 상태로 못 변하고 있어. → 넌 몰라.

넌 안[못] ~해. = You don't ~.

28 너 아는 상태로 못 변하겠니? → 모르겠냐?

넌 안[못] ~하니? = Don't you ~?

29 (흩어진 정신이) 함께 붙도록 변화시켜! → 정신 차려!

함께 (붙도록) = together

30 (시작하는) 면으로 가게 변화시킵시다. → 한번 해 봅시다.

~합시다. = Let's ~.

21   You got it!

발음 억양 내것
正 正 正

---

22   You got it right.

발음 억양 내것
正 正 正

---

23   I got it from here.

발음 억양 내것
正 正 正

---

24   I got it yesterday.

발음 억양 내것
正 正 正

---

25   Do you get it?

발음 억양 내것
正 正 正

---

26   Did you get it?

발음 억양 내것
正 正 正

---

27   You don't get it.

발음 억양 내것
正 正 正

---

28   Don't you get it?

발음 억양 내것
正 正 正

---

29   Get it together!

발음 억양 내것
正 正 正

---

30   Let's get it on.

발음 억양 내것
正 正 正

**No man ever steps in the same river twice,
for it's not the same river and he's not the same man.**

누구도 같은 강에 발을 딛은 사람은 없다.
같은 강이 아니고, 같은 사람이 아니기 때문이다.

– 헤라클레이토스 –
(Heraclitus)

대한민국 · 기초영어말하기 · 교과서 · 국민영어법

12

give, make, hear

이렇게 배웠다

수여동사
사역동사
지각동사

국영법은 이렇게 알려준다

두 박자 뚝딱!

[give / make / hear]와 같은 동사를 배울 때 [수여동사 / 사역동사 / 지각동사]라는 말을 들어 보셨을 거예요. 평소엔 접할 일 없는 어려운 용어 때문에 이해하기 힘드셨을 텐데요. 우리는 아래와 같이 좀 더 쉽게 접근해 보겠습니다.

give, show, tell, make, let, hear, see, call ···
= 두 박자 동사

자, 아래의 영어 문장들을 읽으면서 [동사]가 나온 직후에 일정한 박자를 타며 박수를 쳐 봅시다. 이를테면 [love]+짝!, [is]+짝! 이런 식으로요.

난 너를 사랑해. = I love **you**.
짝!(1)

이것은 펜이야. = This is **a pen**.
짝!(1)

앞서 확인했듯이, [love]와 [is]는 [한 박자] 동사입니다. [love] 다음에 'you'라는 한 박자, [is] 다음에 'a pen'이라는 한 박자만 들어가니까요. 자, 그럼 [give(주다)], [show(보여 주다)], [tell(말해 주다)]와 같은 동사들은 어떨까요?

나에게 **펜을** 줘.
Give me a pen.
짹(1)   짹(2)

나에게 **그 돈을** 보여 줘.
Show me the money.
짹(1)   짹(2)

나에게 **그 비밀을** 말해 줘.
Tell me the secret.
짹(1)   짹(2)

앞서 확인했듯이, [give], [show], [tell] 모두 [두 박자]가 필요한 동사입니다. 바로 [1박자-줄 대상(사람)] + [2박자-줄 내용(물건)] 이런 식으로 말이죠. 필수 동사 중 하나인 [make]의 경우도 살펴볼까요?

<u>한 박자</u> 난 케이크를 만들 거야. = I'll make **a cake.**

<u>두 박자</u> 난 너에게 케이크를 만들어 줄 거야. = I'll make **you a cake.**

<u>두 박자</u> 난 너를 행복하게 만들 거야. = I'll make **you happy.**

[make]는 '만들다'라는 [한 박자] 동사로도 쓰이지만 '(A에게 B를) 만들어 주다'라는 [두 박자] 동사로도 쓰입니다. 또한 'A를 B로 만들다 / A를 B한 상태로 만들다 / A를 B하게 만들다'라는 의미로도 쓰이죠. 이 외에도 [두 박자] 동사들이 많이 있지만 외우실 필요는 없어요. 말하려고 할 때 자연스럽게 'A와 B가 필요하다'는 것을 문맥상 느끼면서 연습하시면 됩니다.

그는
나에게 / 그 돈을
[1박자]   [2박자]
줬어.

나 = me / 돈 = money

He gave <u>me</u> <u>the money</u>.

* give의 과거형은 gave

그는
나에게 / 그 돈을
[1박자]   [2박자]
보여 줬어.

He showed <u>me</u> <u>the money</u>.

* show의 과거형은 showed

03 나에게 뭐라도 말해 줘.

나에게 / 뭔가를
[1박자]　　[2박자]
말해 줘.

무엇, 어떤 것 = **something**

Tell <u>me</u> <u>something</u>.

04 내가 너에게 저녁을 만들어 줄게.

내가
너에게 / 저녁을
[1박자]　　[2박자]
만들어 줄게.

너 = **you** / 저녁 (식사) = **dinner**

I'll make <u>you</u> <u>dinner</u>.

* '내가 ~할게[할 거야]'는 'I will ~'

05 내가 널 부자로 만들어 줄게.

내가
너를 / **부유하게**
[1박자]　　[2박자]
만들어 줄게.

너 = you / 부유한, 부자인 = rich

I'll make **you** **rich**.

06 난 그녀가 춤추는 걸 봤어.

나는
그녀가 / **춤추는 걸**
[1박자]　　　[2박자]
봤어.

그녀 = her / 춤추다 = dance

I saw **her** **dance**.

* see의 과거형은 saw

07 난 그가 노래하는 걸 들었어.

나는
그가 / 노래하는 걸
[1박자]　　[2박자]
들었어.

그 = him / 노래하다 = sing

I heard <u>him</u> <u>sing</u>.

* hear의 과거형은 heard

08 절 '민호우쌤'이라고 불러도 돼요.

당신은
저를 / '민호우쌤'이라고
[1박자]　　　[2박자]
불러도 돼요.

당신은 ____ 해도 돼요. = You can ____.

You can call <u>me</u> 민호우쌤.

09 나는 네가 갔으면 좋겠어.

나는
네가 / 가기를
[1박자] [2박자]
원해.

가다 = **go** → 가기를 = **to go**

I want <u>you</u> <u>to go</u>.

10 보내 버려.

그걸 / 가게
[1박자] [2박자]
놔둬라.

(~하게) 놓아두다 = **let**
가다 = **go**

Let <u>it</u> <u>go</u>.

5·5·5 연습

① 발음에 집중해서 5번,
② 억양에 집중해서 5번,
③ 내 것처럼 5번씩 따라 말하기

MP3_067

연속 듣기

5·5·5 연습이 끝난 후
한 번에 쭉~ 연이어 듣고
문장 곱씹기

MP3_068

---

01 He gave me the money.

발음	억양	내것
正	正	正

---

02 He showed me the money.

발음	억양	내것
正	正	正

---

03 Tell me something.

발음	억양	내것
正	正	正

---

04 I'll make you dinner.

발음	억양	내것
正	正	正

---

05 I'll make you rich.

발음	억양	내것
正	正	正

---

06 I saw her dance.

발음	억양	내것
正	正	正

---

07 I heard him sing.

발음	억양	내것
正	正	正

---

08 You can call me 민호우쌤.

발음	억양	내것
正	正	正

---

09 I want you to go.

발음	억양	내것
正	正	正

---

10 Let it go.

발음	억양	내것
正	正	正

문장 10개에 이어 아래의 한글 표현 & 문장들을 영어로 바꿔 말해 봅시다.

11 그녀는 내 생일 선물로 내게 시계를 줬어.

시계 = watch / 내 생일 선물로 = for my birthday

12 난 그들에게 만 원을 줬어.

그들 = them

13 그녀는 내게 새로운 드레스를 보여 줬어.

새로운 드레스 = new dress

14 그녀는 내게 너의 얼굴을 보여 줬어.

너의 얼굴 = your face

15 그에게 진실을 말해 줘.

진실 = truth

16 그녀에게 끝났다고 말해 줘.

끝났다. = It's over.

17 너에게 샌드위치를 만들어 줄게.

샌드위치 = sandwich

18 그들은 나에게 멋진 저녁 식사를 만들어 줬어.

make의 과거형은 made / 멋진 저녁 식사 = great dinner

19 널 뿌듯하게 만들어 줄게.

자랑스러운, 뿌듯한 = proud

20 널 웃게 만들어 줄게.

웃다 = laugh

11   She gave me a watch for my birthday.

발음 억양 내것
正　正　正

12   I gave them 10,000 won.

발음 억양 내것
正　正　正

13   She showed me the new dress.

발음 억양 내것
正　正　正

14   She showed me your face.

발음 억양 내것
正　正　正

15   Tell him the truth.

발음 억양 내것
正　正　正

16   Tell her it's over.

발음 억양 내것
正　正　正

17   I'll make you a sandwich.

발음 억양 내것
正　正　正

18   They made me a great dinner.

발음 억양 내것
正　正　正

19   I'll make you proud.

발음 억양 내것
正　正　正

20   I'll make you laugh.

발음 억양 내것
正　正　正

조금만 더 분발해 입근육을 쫙~ 풀어 봅시다!

21 난 네가 춤추는 걸 봤어.

(지켜)보다 = watch (과거형-watched) / 춤추다 = dance

22 난 네가 춤추고 있는 걸 봤어.

A가 ~하고 있는 걸 보다 = see A ~ing

23 난 그가 노래하는 걸 들어 본 적이 없어.

난 ~한 적이 없어. = I never+동사(과거형). / 노래하다 = sing

24 난 그가 울고 있는 걸 들었어.

A가 ~하고 있는 걸 듣다 = hear A ~ing / 울다 = cry

25 그걸 하루 일과라고 부릅시다. → 여기까지 합시다.

~합시다. = Let's ~. / 하루 (일과) = a day

26 저를 '아줌마'라고 부르지 마세요.

~하지 마세요. = Don't ~.

27 난 네가 이해해 주길 바라.

이해하다 = understand

28 그는 내가 노래하길 바랐어.

want의 과거형은 wanted

29 그것을 그것인 채로 놔둬. → 그대로 둬.

Let ~ be. = ~을 ~인 채로 놔둬.

30 하루가 흘러가게 두지 마라. → 하루도 그냥 흘려보내지 마라.

지나가다, 흘러가다 = go by

21   I watched you dance.

발음 억양 내것
正 正 正

22   I saw you dancing.

발음 억양 내것
正 正 正

23   I never heard him sing.

발음 억양 내것
正 正 正

24   I heard him crying.

발음 억양 내것
正 正 正

25   Let's call it a day.

발음 억양 내것
正 正 正

26   Don't call me 아줌마.

발음 억양 내것
正 正 正

27   I want you to understand.

발음 억양 내것
正 正 正

28   He wanted me to sing.

발음 억양 내것
正 正 正

29   Let it be.

발음 억양 내것
正 正 正

30   Don't let a day go by.

발음 억양 내것
正 正 正

**You make me want
to be a better man.**

당신은 내가
좋은 사람이 되고 싶게 만들어요.

- 영화 '이보다 더 좋을 순 없다' -
(As good as it gets)

13

Be동사 부정문

이렇게 배웠다

Be동사 뒤
not

국영법은 이렇게 알려준다

영어는
의도를 빨리
알려 준다

[Be동사 부정문]을 만드는 방법에 대해 배울 때 아마 대부분 [Be동사 뒤에 not을 놓는다]라고 배웠을 겁니다. 하지만 이렇게 접근하기보다는 아래와 같은 관점으로 접근하면 훨씬 더 이해하기 쉽습니다.

영어는 의도를 빨리 알려 준다 A = XB

세상에서 가장 기본적인 문장 구조는 [A=B]라는 구조입니다. [A=B]라는 구조를 한국어와 영어로 살펴보면 아래와 같습니다.

나 = 엄마.

[한국어] **나**는 **엄마**야.

[영어] **I** am **a mom.**

구조가 거의 비슷하죠? 그런데 [부정문]으로 바뀌면 확연히 달라집니다.

[한국어] **나**는 **엄마**가 아니야.

[영어] **I** am not **a mom.**

또한 문장이 길면 길어질수록 그 차이는 더욱 확연히 드러납니다.

이것은 내가 지난주에 주문했던 차가 **아니야**.
This is not the car that I ordered last week.

한국어는 끝까지 들어 보지 않으면 [긍정문]인지 [부정문]인지 알 수가 없지만, 영어는 문장 초반에 not이 나오기 때문에 [부정문]이란 의도를 빨리 밝히게 됩니다. 따라서 [Be동사 부정문]을 연습하실 때에는 '한국어와 다르게 영어는 not(의도)를 빨리 보여 주는구나'라고 생각하며 만들면 됩니다. 한국어와 영어의 [부정문] 구조를 기호로 만들면 아래와 같습니다.

[한국어] **A = B X**

[영어] **A = X B**

A = X   B
This is not a dog.
이것은 아니야 강아지가.

A = X   B
She is not there.
그녀는 아니야 저기 있는 상태가.

A = X   B
I am not good at sports.
나는 아니야 스포츠를 잘하는 상태가.

01 이건 강아지가 아니야.

이것은 강아지가 아니야.

[**'부정'의 의도**부터 빨리 말하기]

This is not / a dog.
이것은 아니야 / 강아지가.

This is not a dog.

02 귀엽지 않아.

귀여운 상태가 아니야.

[**'부정'의 의도**부터 빨리 말하기]

It is not / cute.
아니야 / 귀여운 상태가.

It is not cute.

* 위에서 [It]는 [허수아비]이기 때문에 해석하지 않아도 됨.

03   그녀가 저기 없어.

그녀는 저기 있는 상태가 아니야.

['부정'의 의도부터 빨리 말하기]

She is not / there.
그녀는 아니야 / 저기 있는 상태가.

She is not there.

04   난 개가 무섭지 않아.

나는 개가 무서운 상태가 아니야.

['부정'의 의도부터 빨리 말하기]

I am not / afraid of dogs.
나는 아니야 / 개가 무서운 상태가.

I am not afraid of dogs.

* ~가 무서운 (상태인) = afraid of ~

이것은 학교 가는 버스가 아니야.

['부정'의 의도부터 빨리 말하기]

This ⌜is not⌟ / a bus to school.
이것은 아니야 / 학교 가는 버스가.

This is not a bus to school.

* 학교 가는 버스 = a bus <u>to</u> school

나는 스타벅스에 가고 있는 상태가 아니야.

['부정'의 의도부터 빨리 말하기]

I ⌜am not⌟ / going to Starbucks.
나는 아니야 / 스타벅스에 가고 있는 상태가.

I am not going to Starbucks.

* going to ~ = ~에 가고 있는 (상태인)

07 널 위한 선물이 아니야.

널 위한 선물이 아니야.

['**부정**'의 **의도**부터 빨리 말하기]

It │ is not │ / **a gift for you.**
아니야 / 널 위한 선물이.

It is not a gift for you.

* 널 위한 선물 = a gift <u>for</u> you

08 난 스포츠를 잘 못해.

나는 스포츠를 잘하는 상태가 아니야.

['**부정**'의 **의도**부터 빨리 말하기]

I │ am not │ / **good at sports.**
나는 아니야 / 스포츠를 잘하는 상태가.

I am not good at sports.

* ~을 잘하는 (상태인) = good <u>at</u> ~

09 문은 왼쪽에 있지 않아.

문은 너의 왼쪽에 있는 상태가 아니야.

['**부정**'의 의도부터 빨리 말하기]

The doors are not / on your left.
문은 아니야 / 너의 왼쪽에 있는 상태가.

The doors are not on your left.

* 너의 왼쪽에 있는 (상태인) = on your left

10 난 사랑에 빠지지 않았어.

나는 사랑에 빠진 상태가 아니야.

['**부정**'의 의도부터 빨리 말하기]

I am not / in love.
나는 아니야 / 사랑에 빠진 상태가.

I am not in love.

* 사랑에 빠진 (상태인) = in love

5·5·5 연습

① 발음에 집중해서 5번,
② 억양에 집중해서 5번,
③ 내 것처럼 5번씩 따라 말하기

MP3_073

연속 듣기

5·5·5 연습이 끝난 후
한 번에 쭉~ 연이어 듣고
문장 곱씹기

MP3_074

01　This is not a dog.

발음	억양	내것
正	正	正

02　It is not cute.

발음	억양	내것
正	正	正

03　She is not there.

발음	억양	내것
正	正	正

04　I am not afraid of dogs.

발음	억양	내것
正	正	正

05　This is not a bus to school.

발음	억양	내것
正	正	正

06　I am not going to Starbucks.

발음	억양	내것
正	正	正

07　It is not a gift for you.

발음	억양	내것
正	正	正

08　I am not good at sports.

발음	억양	내것
正	正	正

09　The doors are not on your left.

발음	억양	내것
正	正	正

10　I am not in love.

발음	억양	내것
正	正	正

문장 10개에 이어 아래의 한글 표현 & 문장들을 영어로 바꿔 말해 봅시다.

11 이거 좋지 않은데.

좋은 = good

12 이건 아니야.

이거야. = This is it.

13 빠르지 않아.

It is not = It's not / 빠른 = fast

14 싸지 않아.

It is not = It isn't / 싼 = cheap

15 그녀는 내 언니가 아니야.

She is not = She's not / 나의 언니 = my sister

16 그녀는 학생이 아니야.

학생 = student

17 나 안 피곤해.

I am not = I'm not / 피곤한 = tired

18 난 헷갈리지 않아.

혼란스러운, 헷갈리는 = confused

19 이건 제 것이 아닙니다.

내 것 = mine

20 이거 농담 아니야.

농담 = joke

11 This is not good.

발음 억양 내것
正 正 正

12 This is not it.

발음 억양 내것
正 正 正

13 It's not fast.

발음 억양 내것
正 正 正

14 It isn't cheap.

발음 억양 내것
正 正 正

15 She's not my sister.

발음 억양 내것
正 正 正

16 She's not a student.

발음 억양 내것
正 正 正

17 I'm not tired.

발음 억양 내것
正 正 正

18 I'm not confused.

발음 억양 내것
正 正 正

19 This is not mine.

발음 억양 내것
正 正 正

20 This is not a joke.

발음 억양 내것
正 正 正

Wait! 아직 안 끝났어요!

조금만 더 분발해 입근육을 쫙~ 풀어 봅시다!

21 그녀는 오고 있지 않아. → 그녀는 안 올 거야.

> 오다 = come → 오고 있는 = coming

22 작동하고 있지 않아요.

> 작동하다 = work → 작동하고 있는 = working

23 네 잘못이 아니야.

> 너의 잘못 = your fault

24 걔들은 내 친구들이 아니야.

> They are not = They're not / 나의 친구들 = my friends

25 난 (쾅! 찍어) 수학을 못하지 않아.

> 잘 못하는 = bad / 수학 = math

26 그는 똑똑하진 않아.

> He is not = He's not / 똑똑한 = smart

27 컵은 테이블(면)에 있지 않아.

> 컵 = cup / 테이블 = table

28 펜은 내 손(이란 공간)에 있지 않아.

> 펜 = pen / 내 손 = my hand

29 난 서두름이란 범위[상태]에 있지 않아. → 급한 건 아냐.

> 서두름 = hurry

30 아니.

> '너 OO하고 있어?, 너 OO야?'라는 질문에 '아니'라고 답할 땐 → I'm not.

21   She's not coming.

발음   억양   내것
正   正   正

22   It's not working.

발음   억양   내것
正   正   正

23   It's not your fault.

발음   억양   내것
正   正   正

24   They're not my friends.

발음   억양   내것
正   正   正

25   I'm not bad at math.

발음   억양   내것
正   正   正

26   He's not smart.

발음   억양   내것
正   正   正

27   The cup is not on the table.

발음   억양   내것
正   正   正

28   The pen is not in my hand.

발음   억양   내것
正   正   正

29   I'm not in a hurry.

발음   억양   내것
正   正   正

30   I'm not.

발음   억양   내것
正   正   正

**You are what you do,
not what you say you'll do.**

당신은 당신이 하는 것이지,
당신이 할 거라고 말하는 것이 아니다.

- 칼 구스타브 융 -
(Carl Gustav Jung)

14

일반동사 부정문

이렇게 배웠다

조동사 뒤
not

국영법은 이렇게 알려준다

위대한
김조교

[일반동사 부정문]을 만드는 방법에 대해 배울 때 아마 대부분 [일반동사 앞, 조동사 뒤에 not을 놓는다]라고 배웠을 겁니다. 하지만 이렇게 접근하기보다는 아래와 같은 관점으로 접근하면 훨씬 더 이해하기 쉽습니다.

위대한 김조교가
옆에 붙어 처리 합니다

대학교에 [교수님]의 궂은 일을 도와주는 [조교]가 있듯이, 영어에서도 [교수님(동사)]을 도와주는 [조교(조동사)-do/did/will/…]가 있습니다. 그리고 [교수님(동사)]이 [부정문]을 만들 때 not과 합심하여 아래와 같이 돕습니다.

조교(조동사)	교수님(동사)
do not / did not / will not	go 가다

교수님, 저 여기 있습니다!

가지 않는다 = do not go
가지 않았다 = did not go
가지 않을 거다 = will not go

'가다' 말고
'가지 않다'라고
말하고 싶다고요?
저는 가만히 있을 겁니다.
제가 등장하기도 전에
[김조교]가 처리할 겁니다.

이처럼 [교수님(동사)]은 모습을 그대로 유지하고, [조교(조동사)]는 교수님 앞에서 부정형을 만드는 데 기여합니다. 마치 "교수님, 궂은 일은 제가 알아서 처리할 테니 교수님은 편히 계세요"라며 도와주는 역할을 하는 셈이죠. 또 다른 예시를 통해 [조교(조동사)]의 활약을 좀 더 살펴볼까요?

난 **뉴욕에 가지 않을 거야**.

[교수님] 가다 = go

[김조교] ~지 않을 거야 = will not

I <u>will not</u> <u>go</u> to New York.

난 **제주에 살지 않아**.

[교수님] 살다 = live

[김조교] ~지 않아 = do not

I <u>do not</u> <u>live</u> in Jeju.

난 **6시에 일어나지 않았어**.

[교수님] 일어나다 = get up

[김조교] ~지 않았어 = did not

I <u>did not</u> <u>get up</u> at 6.

위 문장들에서도 볼 수 있듯이 [교수님(동사)] 앞에 [조교(조동사)]가 딱 붙어서 [부정문]을 만드는 모습을 볼 수 있습니다. 이러한 김조교 덕분에 교수님은 아주 편히 평소 모습(동사의 원형) 그대로 나올 수 있는 셈이죠.

01 가위로 자르지 않을게!

가위로 자르지 않을게!

[교수님] 자르다 = **cut**
[김조교] ~지 않을게 = **will not**
→ **will not cut** = 자르지 않을게

I will not cut it with the scissors!

* 'will not'은 <u>미래</u>에 뭔가를 하지 않겠다는 의미. 'won't로 축약 가능.

02 난 뉴욕에 가지 않았어.

난 뉴욕에 가지 않았어.

[교수님] 가다 = **go**
[김조교] ~지 않았어 = **didn't**
→ **didn't go** = 가지 않았어

I didn't go to New York.

* didn't은 'did not'의 축약형이며 <u>과거</u>에 뭔가를 하지 않았다는 의미.

03 나를 보지 마세요.

나를 <u>보지</u> 마세요.

[교수님] 보다 = **look**
[김조교] ~지 마세요 = **Don't**
→ **Don't look** = 보지 마세요

<u>Don't</u> **look** at me.

* don't은 'do not'의 축약형.

04 개가 소년에게 짖지 않았다.

개가 소년에게 <u>짖지 않았다</u>.

[교수님] 짖다 = **bark**
[김조교] ~지 않았다 = **didn't**
→ **didn't bark** = 짖지 않았다

The dog <u>didn't</u> **bark** at the boy.

오후 7시에 시작하지 않아.

[교수님] 시작하다 = **start**
[김조교] ~지 않아 = **don't, doesn't**
→ don't/doesn't **start** = 시작하지 않아

It <u>doesn't start</u> at 7 p.m.

* 주어가 'I, You'를 제외한 단수(He, She, It 등)일 땐 doesn't 사용.

난 제주에 살지 않아.

[교수님] 살다 = **live**
[김조교] ~지 않아 = **don't, doesn't**
→ don't/doesn't **live** = 살지 않아

I <u>don't live</u> in Jeju.

* 주어가 'I, You' 그리고 복수(We, They 등)일 땐 don't 사용.

난 여기에 버스로 <u>오지 않았어</u>.

[교수님] 오다 = **come**
[김조교] ~지 않았어 = **didn't**
→ **didn't come** = 오지 않았어

I <u>didn't</u> **come** here by bus.

난 노트북을 <u>가지고 있지 않아</u>.

[교수님] 가지고 있다 = **have**
[김조교] ~지 않아 = **don't, doesn't**
→ **don't/doesn't have** = 가지고 있지 않아

I <u>don't</u> **have** a laptop.

난 6시에 일어나지 않아.

[교수님] 일어나다 = **get up**
[김조교] ~지 않아 = **don't, doesn't**
→ **don't/doesn't get up** = 일어나지 않아

I don't get up at 6.

난 6시에 일어나지 않았어.

[교수님] 일어나다 = **get up**
[김조교] ~지 않았어 = **didn't**
→ **didn't get up** = 일어나지 않았어

I didn't get up at 6.

5·5·5 연습

① 발음에 집중해서 5번,
② 억양에 집중해서 5번,
③ 내 것처럼 5번씩 따라 말하기

MP3_079

연속 듣기

5·5·5 연습이 끝난 후
한 번에 쭉~ 연이어 듣고
문장 곱씹기

MP3_080

	발음	억양	내것

01 I <u>will not cut</u> it with the scissors! — 正 正 正

02 I <u>didn't go</u> to New York. — 正 正 正

03 <u>Don't look</u> at me. — 正 正 正

04 The dog <u>didn't bark</u> at the boy. — 正 正 正

05 It <u>doesn't start</u> at 7 p.m. — 正 正 正

06 I <u>don't live</u> in Jeju. — 正 正 正

07 I <u>didn't come</u> here by bus. — 正 正 正

08 I <u>don't have</u> a laptop. — 正 正 正

09 I <u>don't get up</u> at 6. — 正 正 正

10 I <u>didn't get up</u> at 6. — 正 正 正

227

문장 10개에 이어 아래의 한글 표현 & 문장들을 영어로 바꿔 말해 봅시다.

11 다신 안 그럴게요(절대 그걸 하지 않을게요).

절대 ~지 않을게요 = will never ~ / 하다 = do / 다시 = again

12 전 포기하지 않을 거예요.

~지 않을 거예요 = will not → won't / 포기하다 = give up

13 제가 안 했어요(하지 않았어요).

~지 않았어요 = didn't / 하다 = do

14 난 의도하지 않았어. → 진심이 아니었어.

의도하다[뜻하다] = mean

15 무서워하지 마.

~지 마 = Don't / ~(한 상태)가 되다 = be ~ / 무서운 = afraid

16 그거 하지 마.

하다 = do / 그것 = that

17 그 차는 멈추지 않았어.

차 = car / 멈추다 = stop

18 그 문은 열리지 않았어.

문 = door / 열리다 = open

19 중요하지 않아요.

~지 않아요 = don't[doesn't] / 중요하다, 문제되다 = matter

20 작동되지 않아요. → 안 되는데요.

작동되다 = work

228

11   I <u>will never do</u> it again.

발음 억양 내것
正 正 正

12   I <u>won't give up</u>.

발음 억양 내것
正 正 正

13   I <u>didn't do</u> it.

발음 억양 내것
正 正 正

14   I <u>didn't mean</u> it.

발음 억양 내것
正 正 正

15   <u>Don't be</u> afraid.

발음 억양 내것
正 正 正

16   <u>Don't</u> do that.

발음 억양 내것
正 正 正

17   The car <u>didn't stop</u>.

발음 억양 내것
正 正 正

18   The door <u>didn't open</u>.

발음 억양 내것
正 正 正

19   It <u>doesn't matter</u>.

발음 억양 내것
正 正 正

20   It <u>doesn't work</u>.

발음 억양 내것
正 正 正

조금만 더 분발해 입근육을 쫙~ 풀어 봅시다!

21 전 개의치 않아요. → 상관없어요.

개의하다 = mind

22 전 관심 두지 않아요. → 상관없어요.

관심을 가지다[두다] = care

23 전 그걸 알지 않았어요. → 전 몰랐어요.

알다 = know / 그것 = that

24 전 아무것도 말하지 않았어요. → 전 아무 말 안 했어요.

말하다 = say / 아무것(도) = anything

25 그녀는 전화기가 없어요(가지고 있지 않아요).

가지고 있다 = have / 전화기 = phone

26 그는 차가 없어요(가지고 있지 않아요).

차 = car

27 그녀는 그를 사랑하지 않아.

사랑하다 = love / 그 = him

28 그는 6시에 일어나지 않아.

일어나다 = get up / 6시에 = at 6

29 그녀는 하지 않았어요. → 그 여자분 안 그랬어요.

하다 = do

30 그는 안 왔어(오지 않았어).

오다 = come

21   I <u>don't</u> mind.

발음	억양	내것
正	正	正

22   I <u>don't</u> care.

발음	억양	내것
正	正	正

23   I <u>didn't know</u> that.

발음	억양	내것
正	正	正

24   I <u>didn't say</u> anything.

발음	억양	내것
正	正	正

25   She <u>doesn't have</u> a phone.

발음	억양	내것
正	正	正

26   He <u>doesn't have</u> a car.

발음	억양	내것
正	正	正

27   She <u>doesn't love</u> him.

발음	억양	내것
正	正	正

28   He <u>doesn't get up</u> at 6.

발음	억양	내것
正	正	正

29   She <u>didn't do</u> it.

발음	억양	내것
正	正	正

30   He <u>didn't come</u>.

발음	억양	내것
正	正	正

If you don't walk today,
you have to run tomorrow.

오늘 걷지 않으면,
내일 뛰어야 한다.

- 카를레스 푸욜 사포르카다 -
(Carles Puyol Saforcada)

15

Be동사 의문문

이렇게 배웠다

주어-동사
바꾸기

국영법은 이렇게 알려준다

듣자마자
빡!

[Be동사 의문문]을 만드는 방법에 대해 배울 때 아마 대부분 [주어와 동사의 위치를 바꾼다]라고 배웠을 겁니다. 하지만 이렇게 접근하기보다는 아래와 같은 관점으로 접근하면 훨씬 더 이해하기 쉽습니다.

영어는 듣자마자 빡!
의문문 티를 낸다 = AB ?

우선, **한국어는** [끝까지 들어야] 의문문인지 알 수 있습니다. 물음표를 찍기 직전까지 평서문과 의문문의 구조가 똑같기 때문입니다.

[평서문] **너는 엄마야.**   A = B.

[의문문] **너는 엄마야?**   A = B?

하지만 **영어는** [첫 단어를 듣자마자] 의문문인지 알 수 있습니다. 의문문이 되는 순간 [=(B동사)]부터 튀어나오며 구조 자체가 바뀌기 때문이죠.

[평서문] **You are a mom.**   A = B.

[의문문] **Are you a mom?**   = A B?

문장이 길면 길수록 그 차이는 더 확실해집니다. 한국어는 아무리 긴 말이라도 끝까지 들어야 평서문인지 의문문인지 알 수 있지만, 영어는 아무리 긴 말이라도 첫 단어를 듣자마자 의문문이라는 것을 바로 알 수 있습니다.

[한국어]   이것이 2시간 전에 내가 배달 어플리케이션으로 주문했던 음식이야.
　　　　 이것이 2시간 전에 내가 배달 어플리케이션으로 주문했던 음식이야?

　[영어]   This is the food that I ordered with delivery application 2 hours ago.
　　　　 Is this the food that I ordered with delivery application 2 hours ago?

　이처럼 영어에서는 [A=B]에서 [=(Be동사)]를 맨 앞으로 보내 의문문이라는 것을 바로 티 냅니다. 이것이 [Be동사 의문문]의 핵심입니다.

[처음부터 '의문문'이라는 티를 빡!]

= A B ? **Is this the dog?**

이것이 그 강아지야?

　또한 육하원칙 질문을 할 땐 [who / when / where / what / how / why]라는 의문사를 쓰는데, [의문사]가 있는 경우엔 [Be동사]보다 앞에 오게 됩니다. 그래야 첫 단어를 듣자마자 육하원칙 질문임을 알 수 있으니까요. (* 의문문에 [can / will / should] 등의 [조교(조동사)]가 있는 경우에도 [Be동사] 앞에 오게 됩니다. [조교(조동사)]는 항상 '앞장서서' 궂은 일을 처리해 주니까요.)

[처음부터 'Where 의문문'이라는 티를 빡!]

Where + are you going?

어디에 + 너는 가고 있어?

01 이게 그 강아지야?

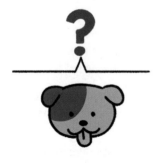

이것이 그 강아지야?

[처음부터 '**의문문**'이라는 티를 빡!]

Is **A B**? = A는 B?
Is **this the dog**? = 이것이 그 강아지야?

Is **this the dog**?

* 주어가 'I, You'를 제외한 단수(He, She, It, This, That 등)일 땐 Is를 사용.

02 그녀는 여기 있나요?

그녀는 여기 있나요?

[처음부터 '**의문문**'이라는 티를 빡!]

Is **A B**? = A는 B?
Is **she here**? = 그녀는 여기 있나요?

Is **she here**?

03 너는 개를 무서워해?

너는 개를 무서워해?

[처음부터 '<u>의문문</u>'이라는 티를 빡!]

Are A B? = A는 B?
Are <u>you</u> afraid of dogs? = 너는 개를 무서워해?

Are you afraid of dogs?

* 주어가 You 그리고 복수(We, They 등)일 땐 Are 사용.

04 이거 학교 가는 버스야?

이것은 학교 가는 버스야?

[처음부터 '<u>의문문</u>'이라는 티를 빡!]

Is A B? = A는 B?
Is <u>this</u> the bus to school?
= 이것은 <u>학교 가는 버스</u>야?

Is this the bus to school?

05 날 위한 선물이야?

그것은 날 위한 선물이야?

[처음부터 '의문문'이라는 티를 빡!]

Is **A B**? = A는 B?

Is **it a gift for me**? = 그것은 날 위한 선물이야?

Is **it a gift for me?**

* 위에서 [it]는 [허수아비]라 생각하고 해석하지 않는 것이 자연스러움.

06 어땠어?

어떠한 (상태)였니?

[처음부터 'How 의문문'이라는 티를 빡!]

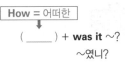

(_____) + **was it** ~?

~였니?

How **was it?**

* [was]는 [am, is]의 과거형.

07 너 어디 가고 있어?

너는 어디에 가고 있니?

[처음부터 'where 의문문'이라는 티를 빡!]

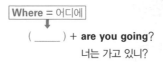

Where = 어디에

(_____) + **are you going**?
너는 가고 있니?

Where are you going?

* going = 가고 있는 (상태인)

08 너는 뭘를 잘해?

너는 무엇을 잘해?

[처음부터 'what 의문문'이라는 티를 빡!]

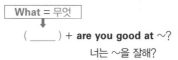

What = 무엇

(_____) + **are you good at** ~?
너는 ~을 잘해?

What are you good at?

09 너는 뭘 무서워해?

너는 무엇을 무서워해?

[처음부터 'what 의문문'이라는 티를 팍!]

What = 무엇

(_____) + **are you afraid of** ~?
       너는 ~을 무서워해?

What **are you afraid of**?

10 문은 어디에 있어요?

문은 어디에 있어요?

[처음부터 'where 의문문'이라는 티를 팍!]

Where = 어디에

(_____) + **are the doors** ~?
       문은 ~에 있어요?

Where **are the doors**?

5·5·5 연습

① 발음에 집중해서 5번,
② 억양에 집중해서 5번,
③ 내 것처럼 5번씩 따라 말하기

MP3_085

연속 듣기

5·5·5 연습이 끝난 후
한 번에 쭉~ 연이어 듣고
문장 곱씹기

MP3_086

01 Is this the dog?

발음	억양	내것
正	正	正

02 Is she here?

발음	억양	내것
正	正	正

03 Are you afraid of dogs?

발음	억양	내것
正	正	正

04 Is this the bus to school?

발음	억양	내것
正	正	正

05 Is it a gift for me?

발음	억양	내것
正	正	正

06 How was it?

발음	억양	내것
正	正	正

07 Where are you going?

발음	억양	내것
正	正	正

08 What are you good at?

발음	억양	내것
正	正	正

09 What are you afraid of?

발음	억양	내것
正	正	正

10 Where are the doors?

발음	억양	내것
正	正	正

241

문장 10개에 이어 아래의 한글 표현 & 문장들을 영어로 바꿔 말해 봅시다.

11 이거 네 펜이야?

> 네 펜 = your pen

12 이거 네 거야?

> 네 것 = yours

13 너 거기 있니?

> 거기 (있는) = there

14 걔들 여기 있니?

> 그들[걔들] = they / 여기 (있는) = here

15 당신은 일에 만족하시나요?

> ~에 만족한 = happy with ~ / 당신의 일 = your job

16 너 다쳤니?

> 다친 = hurt

17 이거 기타 머리인가요?

> 기타 머리 = the head of the guitar

18 이거 큰 화면을 가진 핸드폰인가요?

> 큰 화면을 가진 핸드폰 = a phone with a big screen

19 멋져? → 이거 괜찮아 보여?

> 멋진, 좋은 = nice

20 괜찮지 않아?

> ~이지 않아? = Isn't it ~?

11   Is this your pen?

발음 억양 내것
正 正 正

12   Is this yours?

발음 억양 내것
正 正 正

13   Are you there?

발음 억양 내것
正 正 正

14   Are they here?

발음 억양 내것
正 正 正

15   Are you happy with your job?

발음 억양 내것
正 正 正

16   Are you hurt?

발음 억양 내것
正 正 正

17   Is this the head of the guitar?

발음 억양 내것
正 正 正

18   Is this a phone with a big screen?

발음 억양 내것
正 正 正

19   Is it nice?

발음 억양 내것
正 正 正

20   Isn't it nice?

발음 억양 내것
正 正 正

조금만 더 분발해 입근육을 쫙~ 풀어 봅시다!

21 너의 하루는 어땠어? → 오늘 하루 어땠어?

너의 하루 = your day

22 너의 주말은 어땠어? → 주말 어땠어?

너의 주말 = your weekend

23 언제지?

언제 = when

24 왜 너무 조용하지? → 왜 이렇게 조용하지?

왜 = why / 너무 조용한 = so quiet

25 너 무엇에 대해 이야기하고 있니? → 무슨 소리 하는 거야?

~에 대해 이야기하고 있는 = talking about ~

26 그게(그 말이) 무엇이었니? → 뭐라고 했어?

그것 = that

27 너 여기서 무엇을 하고 있니? → 여기서 뭐해?

하고 있는 = doing / 여기서 = here

28 이것에 대해 우리가 뭘 할 수 있을까요?

~할 수 있다 = can(조동사) / 하다 = do / ~에 대해 = about ~

29 그는 어디에 있니? → 걔 어딨어?

30 너 어디에 있었어? → 어디 갔었어?

(지금까지 쭉) ~에 있었다 = have been + 장소

21   How was your day?

발음 억양 내것
正   正   正

22   How was your weekend?

발음 억양 내것
正   正   正

23   When is it?

발음 억양 내것
正   正   正

24   Why is it so quiet?

발음 억양 내것
正   正   正

25   What are you talking about?

발음 억양 내것
正   正   正

26   What was that?

발음 억양 내것
正   正   正

27   What are you doing here?

발음 억양 내것
正   正   正

28   What can we do about it?

발음 억양 내것
正   正   正

29   Where is he?

발음 억양 내것
正   正   正

30   Where have you been?

발음 억양 내것
正   正   正

**Isn't it pleasure to study,
and to practice what you have learned?**

배우고, 그것을 연습해서 익히는 것이
즐겁지 아니한가?

– 공자 –
(Confucius)

16

일반동사 의문문

이렇게 배웠다

어순을
외워라

국영법은 이렇게 알려준다

위대한
김조교

[일반동사 의문문]을 만드는 방법에 대해 배울 때 아마 대부분 [의문문의 어순 규칙을 외우라]고 배웠을 겁니다. 하지만 이렇게 접근하기보다는 아래와 같은 관점으로 접근하면 훨씬 더 이해하기 쉽습니다.

위대한 김조교가
앞장서서 처리 합니다

앞서 [일반동사 부정문]을 만들 때와 마찬가지로, [일반동사 의문문]을 만들 때에도 [조교(조동사)]가 "앞장서서" [교수님(동사)]을 도와 의문문을 만듭니다. 핵심 포인트는 "앞장서서" 돕는다는 것입니다. 예시를 한번 살펴볼까요?

조교(조동사)	교수님(동사)
do / did / will	go 가다

교수님, 저 여기 있습니다!

너는 가니? = <u>Do</u> you <u>go</u>?

너는 갔니? = <u>Did</u> you <u>go</u>?

너는 갈 거니? = <u>Will</u> you <u>go</u>?

'가다' 말고 '갔니?'라고 묻고 싶다고요? 저는 가만히 있을 겁니다. 제가 등장하기도 전에 [김조교]가 처리할 겁니다.

자, 그런데 왜 [조교(교수님)]가 "문장 맨 앞"에 자리를 잡고 의문문을 만드는 걸까요? 여기엔 동양과 서양 문화에 대한 이해가 있어야 합니다.

일단, 동양은 '농경 문화'로 출발했습니다. 그리고 농사는 혼자가 아닌 여러 명이 함께 하는 일이기 때문에 동양에선 [인간 관계 중심의 언어]가 발달했습니다. 이를테면 상대의 기분을 살피며 본론을 즉각 내뱉지 않고 에둘러 말한다든가, 높임말을 써서 상하 관계를 공고히 한다든가 하듯이 말이죠.

하지만 서양은 '수렵 문화'로 출발했습니다. 수렵 문화에선 사냥감을 주고받는 '물물교환'이 많았고, 정확한 물물교환을 위해선 명확한 의사소통이 필수였습니다. 따라서 **서양에선 [빠른 정보 전달 중심의 언어]**가 발달했습니다. 이를테면 동양과 달리 전달하고자 하는 '의도 / 본론'부터 명확히 말하는 거죠.

그렇기 때문에 영어의 [일반동사 의문문]에서 [조교(조동사)]가 문장 맨 앞에 옵니다. [의문문]이라는 의도부터 빨리 전달하기 위해서죠.

['의문문'이라는 티부터 빡!]

Did you go to New York?
너 뉴욕에 갔어?

['When 의문문'이라는 티부터 빡!]

When + did you go to New York?
언제 + 너 뉴욕에 갔어?

[일반동사 의문문]에서도 [Who / When / Where / What / How / Why]와 같은 [의문사]가 있는 경우엔 [의문사]가 [조교(조동사)]보다 앞에 오게 됩니다. 육하원칙 질문이라는 의도부터 먼저 전달해야 하기 때문이죠.

01 너 뉴욕에 갔어?

너 뉴욕에 갔어?

[교수님] 가다 = go
[김조교] ~했어? = Did ~?

→ ['의문문'이라는 티를 빡!]
  Did you go? = 너 갔어?

Did you go to New York?

* 'Did ~?'은 과거에 대해 질문할 때 사용.

02 개가 소년에게 짖었어?

개가 소년에게 짖었어?

[교수님] 짖다 = bark
[김조교] ~했어? = Did ~?

→ ['의문문'이라는 티를 빡!]
  Did the dog bark? = 개가 짖었어?

Did the dog bark at the boy?

250

03 오후 7시에 시작해?

오후 7시에 시작해?

[교수님] 시작하다 = **start**
[김조교] ~해? = **Do / Does** ~?

→ ['**의문문**'이라는 티를 빡!]
  Does it start? = 시작해?

<u>Does</u> it <u>start</u> at 7 p.m.?

* 주어가 'I, You'를 제외한 단수(He, She, It 등)일 땐 Does 사용.

04 너 제주에 살아?

너 제주에 살아?

[교수님] 살다 = **live**
[김조교] ~해? = **Do / Does** ~?

→ ['**의문문**'이라는 티를 빡!]
  Do you live? = 너 살아?

<u>Do</u> you <u>live</u> in Jeju?

* 주어가 'I, You' 그리고 복수(We, They 등)일 땐 Do 사용.

251

05 너 여기에 차로 왔어?

너 여기에 차로 왔어?

[교수님] 오다 = come
[김조교] ~했어? = Did ~?

→ ['의문문'이라는 티를 빽!]
Did you come? = 너 왔어?

Did you come here by car?

* 여기에 = here / 차로 = by car

06 그 사람 6시에 일어나?

그 사람 6시에 일어나?

[교수님] 일어나다 = get up
[김조교] ~해? = Do/Does ~?

→ ['의문문'이라는 티를 빽!]
Does he get up? = 그 사람 일어나?

Does he get up at 6?

07 어떻게 되었어?

어떻게 되었어?
['How 의문문'이라는 티를 빡!]

How = 어떻게
(_____) + **did it go**?
되었어?

How did it go?

* 위에서 go는 '(일 등이) 진행되다'라는 의미로 해석.

08 언제 너 뉴욕에 갔어?

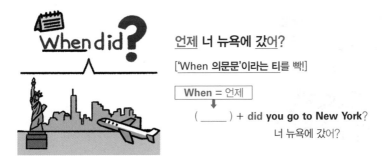

언제 너 뉴욕에 갔어?
['When 의문문'이라는 티를 빡!]

When = 언제
(_____) + **did you go to New York**?
너 뉴욕에 갔어?

When did you go to New York?

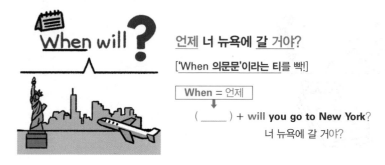

언제 너 뉴욕에 갈 거야?

['When 의문문'이라는 티를 빡!]

When = 언제

(_____) + will you go to New York?
너 뉴욕에 갈 거야?

When will you go to New York?

* 'Will ~?'은 미래에 대해 질문할 때 사용.

10 왜 개가 소년에게 짖었어?

왜 개가 소년에게 짖었어?

['Why 의문문'이라는 티를 빡!]

Why = 왜

(_____) + did the dog bark at the boy?
개가 소년에게 짖었어?

Why did the dog bark at the boy?

STEP 2 입에 찰싹! 붙이기

5·5·5 연습

① 발음에 집중해서 5번,
② 억양에 집중해서 5번,
③ 내 것처럼 5번씩 따라 말하기

MP3_091

연속 듣기

5·5·5 연습이 끝난 후
한 번에 쭉~ 연이어 듣고
문장 곱씹기

MP3_092

01 <u>Did</u> you <u>go</u> to New York?

발음	억양	내것
正	正	正

02 <u>Did</u> the dog <u>bark</u> at the boy?

발음	억양	내것
正	正	正

03 <u>Does</u> it <u>start</u> at 7 p.m.?

발음	억양	내것
正	正	正

04 <u>Do</u> you <u>live</u> in Jeju?

발음	억양	내것
正	正	正

05 <u>Did</u> you <u>come</u> here by car?

발음	억양	내것
正	正	正

06 <u>Does</u> he <u>get up</u> at 6?

발음	억양	내것
正	正	正

07 <u>How did</u> it <u>go</u>?

발음	억양	내것
正	正	正

08 <u>When did</u> you <u>go</u> to New York?

발음	억양	내것
正	正	正

09 <u>When will</u> you <u>go</u> to New York?

발음	억양	내것
正	正	正

10 <u>Why did</u> the dog <u>bark</u> at the boy?

발음	억양	내것
正	正	正

문장 10개에 이어 아래의 한글 표현 & 문장들을 영어로 바꿔 말해 봅시다.

11 그렇게(그걸) 했어?

하다 = do / 그것 = that

12 걔(그는) 어딘가로 갔어?

가다 = go / 어딘가로 = somewhere

13 뭔가 일어났었어?

무언가 = something / 일어나다 = happen

14 미팅은 잘 되었니?

미팅 = meeting / (되어)가다 = go / 잘 = well

15 작동되나요?

작동되다 = work

16 그가 날 아나요?

알다 = know / 나 = me

17 한국말 하세요?

말하다 = speak / 한국어 = Korean

18 눈사람 만들래?

~하고 싶다 = want to ~ / 만들다[짓다] = build / 눈사람 = snowman

19 잘 잤어?

자다 = sleep / 잘 = well

20 재미를 가졌니? → 재미있었어?

가지다 = have / 재미[즐거움] = fun

11 <u>Did</u> you <u>do</u> that?

발음   억양   내것
正   正   正

12 <u>Did</u> he <u>go</u> somewhere?

발음   억양   내것
正   正   正

13 <u>Did</u> something <u>happen</u>?

발음   억양   내것
正   正   正

14 <u>Did</u> the meeting <u>go</u> well?

발음   억양   내것
正   正   正

15 Does it <u>work</u>?

발음   억양   내것
正   正   正

16 <u>Does</u> he <u>know</u> me?

발음   억양   내것
正   正   正

17 <u>Do</u> you <u>speak</u> Korean?

발음   억양   내것
正   正   正

18 <u>Do</u> you <u>want</u> to build a snowman?

발음   억양   내것
正   正   正

19 <u>Did</u> you <u>sleep</u> well?

발음   억양   내것
正   正   正

20 <u>Did</u> you <u>have</u> fun?

발음   억양   내것
正   正   正

Wait! 아직 안 끝났어요!

조금만 더 분발해 입근육을 쫙~ 풀어 봅시다!

21 중요한가요?

> 중요하다 = matter

22 감이 만들어지나요? → 이해되셨나요?

> 만들다 = make / 감(각) = sense

23 이거 얼마(나 많이) 줬니?

> 얼마나 많이 = How much / ~에 (돈을) 지불하다[주다] = pay for ~

24 얼마나 오래 걸렸어?

> 얼마나 오래 = How long / (시간이) 걸리다 = take

25 한국엔 언제 오셨나요?

> 오다 = come / 한국 = Korea

26 어디로 가셨나요?

> 가다 = go

27 한국엔 언제 돌아올 건가요?

> ~에[로] 돌아오다 = come back to ~

28 어디로 갈 건가요?

> 가다 = go

29 개가 소년을 향해 어떻게 짖었나요?

> 짖다 = bark / 소년을 향해 = at the boy

30 개가 소년을 향해 얼마나 오래 짖었나요?

21 <u>Does</u> it <u>matter</u>?

발음 억양 내것
正 正 正

22 <u>Does</u> it <u>make</u> sense?

발음 억양 내것
正 正 正

23 <u>How much did</u> you <u>pay</u> for this?

발음 억양 내것
正 正 正

24 <u>How long did</u> it <u>take</u>?

발음 억양 내것
正 正 正

25 <u>When did</u> you <u>come</u> to Korea?

발음 억양 내것
正 正 正

26 <u>Where did</u> you <u>go</u>?

발음 억양 내것
正 正 正

27 <u>When will</u> you <u>come back</u> to Korea?

발음 억양 내것
正 正 正

28 <u>Where will</u> you <u>go</u>?

발음 억양 내것
正 正 正

29 <u>How did</u> the dog <u>bark</u> at the boy?

발음 억양 내것
正 正 正

30 <u>How long</u> did the dog <u>bark</u> at the boy?

발음 억양 내것
正 正 正

**The two most important days in your life are
the day you are born and the day you find out why.**

당신의 인생에서 가장 중요한 두 날은
태어난 날과 왜 태어났는지를 깨달은 날이다.

– 마크 트웨인 –
(Mark Twain)

17

that

이렇게 배웠다

지시대명사
지시형용사
관계대명사
명사절접속사

국영법은 이렇게 알려준다

괄호

[that]은 15번째로 많이 쓰이는 영어 단어입니다. 그만큼 쓰임도 다양해 [지시대명사 / 지시형용사 / 관계대명사 / 명사절접속사] 등 다양한 이름으로 불리는데요. 하지만 이 모든 것을 관통하는 하나의 느낌은 바로 아래와 같습니다.

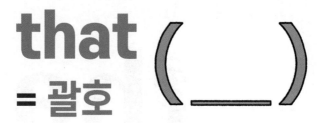

이처럼 [that]을 [괄호]라는 관점으로 인식하면 놀랍게도 수많은 쓰임이 하나의 맥락으로 정리됩니다. 예를 한번 들어 볼까요?

저것은 내 차야.
내가 좋아하는 가방
내가 싫어하는 음식

'저것'을 '여러 대의 차 중 괄호 친 (저것)', '내가 좋아하는 가방'을 '가방은 가방인데 괄호 열고 덧붙이자면 (내가 좋아하는) 가방', '내가 싫어하는 음식'을 '음식은 음식인데 괄호 열고 덧붙이자면 (내가 싫어하는) 음식'과 같이 연상해 보세요. 그럼 이 모든 걸 [that(괄호)]로 말할 수 있습니다.

저 중에서 괄호 친
(저것)은 내 차야.
(That) is my car.

괄호 열고 덧붙이자면
가방 (내가 좋아하는)
A bag (that I like)

괄호 열고 덧붙이자면
음식 (내가 싫어하는)
Food (that I hate)

그림과 함께 보니 더욱 잘 이해가 되시죠? 그리고 '[that] = (괄호)'라는 관점으로 접근하면 아래와 같은 표현으로도 확장 가능합니다.

괄호 열고 자세히 말하자면
나 알아 (너가 나 사랑하는 거).
I know (that you love me).

전 시간에 영어는 '의도를 먼저 밝히는 언어'라고 배웠었죠? 따라서 위와 같이 '[의도부터 밝히기] 난 알아 + [내용 덧붙이기] (너가 나 사랑하는 거)'라는 문장 구조를 만들 때에도 [that]을 활용할 수 있습니다.

저 중에서 괄호 친
(저것)은 내 차야.

A는 B야. = **A is B.**
내[나의] 차 = **my car**

That is my car.

네가 말한 괄호 친
(그것[그 부분])이 멋진데.

A는 B(한 상태)야. = **A is B.**
멋진, 굉장한 = **awesome**

That is awesome.

3 저거 봐.

쾅! 집어 괄호 친
(저것) **봐.**

보다 = **look**
____을 봐. = **Look at ____.**

Look at that.

4 그렇게 많이 좋아하진 않아.

내 머릿속에 괄호 친
(그 정도로 많이) **좋아하지 않아.**

(~만큼/정도로) 많이 = **much**
난 좋아하지 않아. = **I don't like it.**

I don't like it <u>that</u> much.

괄호 열고 덧붙이자면

가방 (내가 좋아하는)

A bag (that _____)
↑
I like
내가 좋아한다

A bag _that I like_

괄호 열고 덧붙이자면

음식 (내가 좋아하는)

Food (that _____)
↑
I like
내가 좋아한다

Food _that I like_

07 내가 싫어하는 음식

괄호 열고 덧붙이자면

음식 (내가 싫어하는)

Food (that _____)

⬆
I hate
내가 싫어한다

Food <u>that I hate</u>

08 나 그거 알아.

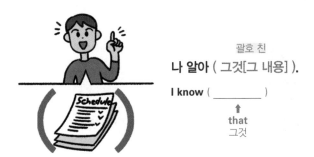

괄호 친

나 알아 (그것[그 내용]).

I know (_____)

⬆
that
그것

I know that.

09 나 너가 나 사랑하는 거 알아.

괄호 열고 자세히 말하자면
나 알아 (너가 나 사랑하는 거).
I know (that _____)
⬆
you love me
너가 나를 사랑한다

I know that you love me.

10 나 너가 나 사랑하는 거 몰랐어.

괄호 열고 자세히 말하자면
나 몰랐어 (너가 나 사랑하는 거).
I didn't know (that _____)
⬆
you love me
너가 나를 사랑한다

I didn't know that you love me.

* I didn't know = 나는 알지 않았어 = 나 몰랐어

5·5·5 연습

① 발음에 집중해서 5번,
② 억양에 집중해서 5번,
③ 내 것처럼 5번씩 따라 말하기

MP3_097

연속 듣기

5·5·5 연습이 끝난 후
한 번에 쭉~ 연이어 듣고
문장 곱씹기

MP3_098

01 That is my car.

발음	억양	내것
正	正	正

02 That is awesome.

발음	억양	내것
正	正	正

03 Look at that.

발음	억양	내것
正	正	正

04 I don't like it <u>that much</u>.

발음	억양	내것
正	正	正

05 A bag <u>that I like</u>

발음	억양	내것
正	正	正

06 Food <u>that I like</u>

발음	억양	내것
正	正	正

07 Food <u>that I hate</u>

발음	억양	내것
正	正	正

08 I know that.

발음	억양	내것
正	正	正

09 I know <u>that you love me</u>.

발음	억양	내것
正	正	正

10 I didn't know <u>that you love me</u>.

발음	억양	내것
正	正	正

문장 10개에 이어 아래의 한글 표현 & 문장들을 영어로 바꿔 말해 봅시다.

11   그게 그것입니다. → 바로 그거죠.

> That is ~. = That's ~.

12   그게 다입니다.

> 모두, 다 = all

13   그거 멋진데.

> 멋진, 아주 좋은 = great

14   그거 아름답네.

> 아름다운 = beautiful

15   그거 줘.

> 내게 ~을 줘. = Give me ~.

16   그거 하지 마.

> ~하지 마. = Don't ~. / 하다 = do

17   전 그걸 하지 않습니다. → 그렇게 안 합니다.

> 전 ~하지 않습니다. = I don't ~ / 하다 = do

18   전 그걸 할 수 없습니다. → 그렇게 못 합니다.

> 전 ~할 수 없습니다. = I can't ~.

19   아빠가 좋아하는 차

> 차 = car / 나의 아빠 = my dad / 좋아하다 = like

20   내가 산 그 전화기

> 전화기 = phone / 사다 = buy (과거형은 bought)

11   That's it.

발음	억양	내것
正	正	正

---

12   That's all.

발음	억양	내것
正	正	正

---

13   That's great.

발음	억양	내것
正	正	正

---

14   That's beautiful.

발음	억양	내것
正	正	正

---

15   Give me that.

발음	억양	내것
正	正	正

---

16   Don't do that.

발음	억양	내것
正	正	正

---

17   I don't do that.

발음	억양	내것
正	正	正

---

18   I can't do that.

발음	억양	내것
正	正	正

---

19   A car <u>that my dad likes</u>

발음	억양	내것
正	正	正

---

20   The phone <u>that I bought</u>

발음	억양	내것
正	正	正

Wait! 아직 안 끝났어요!

조금만 더 분발해 입근육을 쫙~ 풀어 봅시다!

21 엄마가 만든 음식

> 음식 = food / 나의 엄마 = my mom / 만들다 = make (과거형은 made)

22 내가 만들 음식

> 나는 ~할 것이다. = I will ~.

23 엄마가 싫어하는 음식

> 싫어하다 = hate

24 내가 못 먹는(먹을 수 없는) 음식

> 나는 ~할 수 없다. = I can't ~. / 먹다 = eat

25 나 그거 알고 있었어.

> 알다 = know (과거형은 knew)

26 그는 그거 몰라(알고 있지 않아).

> 그는 ~하지 않아. = He doesn't ~.

27 난 그가 올 거라고 확신해.

> 난 ~라고 확신해. = I am sure ~. / 그는 ~할 거다. = He will ~. / 오다 = come

28 전 그게 사실이라고 생각하지 않아요.

> 전 ~라고 생각하지 않아요. = I don't think ~. / 사실인 = true

29 그는 내가 거기 있는지 몰랐어(알고 있지 않았어)!

> 그는 ~하지 않았어. = He didn't ~. / 거기 (있는) = there

30 그녀는 내가 선생님인지 몰랐어.

> 그녀는 ~하지 않았어. = She didn't ~. / 선생님 = teacher

272

21   Food <u>that my mom made</u>

발음 억양 내것
正   正   正

---

22   Food <u>that I will make</u>

발음 억양 내것
正   正   正

---

23   Food <u>that my mom hates</u>

발음 억양 내것
正   正   正

---

24   Food <u>that I can't eat</u>

발음 억양 내것
正   正   正

---

25   I knew <u>that</u>.

발음 억양 내것
正   正   正

---

26   He doesn't know <u>that</u>.

발음 억양 내것
正   正   正

---

27   I am sure <u>that he will come</u>.

발음 억양 내것
正   正   正

---

28   I don't think <u>that that's true</u>.

발음 억양 내것
正   正   正

---

29   He didn't know <u>that I was there</u>!

발음 억양 내것
正   正   正

---

30   She didn't know <u>that I was a teacher</u>.

발음 억양 내것
正   正   正

**I have found that if you love life,
life will love you back.**

그대가 삶을 사랑한다면,
삶도 그대를 사랑해 줄 거란 사실을 깨달았다.

- 아서 루빈스타인 -
(Arthur Rubinstein)

대한민국 · 기초영어말하기 · 교과서 · 국민영어법

18

that

이렇게 배웠다

관계
대명사

국영법은 이렇게 알려준다

사연
접착제

전 시간에 (괄호)라고 배웠던 [that]을 문법책에선 [관계대명사]라는 용어로 배웠던 기억이 있으실 거예요. 하지만 이런 어려운 용어 대신 아래와 같은 관점으로 접근하면 훨씬 더 쉽게 와닿을 겁니다.

$$\boxed{\text{이름말}} - \boxed{\textbf{that}} - \boxed{\text{사연}}$$

사연접착제

우선, 아래의 두 가지 표현부터 살펴봅시다.

$$\boxed{\text{맛있는}}\ \text{음식} \ = \ \boxed{\text{delicious}}\ \text{food}$$

$$\boxed{\text{테이블 위}}\ \text{음식} \ = \ \text{food}\ \boxed{\text{on the table}}$$

우선, [food = 음식]과 같이 대상을 이름 짓는 말들은 **[이름말(명사)]**이라고 하며, [delicious = 맛있는]과 같이 태생부터 [이름말]을 꾸며 주기 위해 태어난 말들은 **[꾸밈말(형용사)]**이라고 합니다. ([꾸밈말]+[이름말]의 순서로 결합) 그런데 두 번째 표현과 같이 [이름말(food)]과 [이름말(table)]이 만났을 땐, 둘의 관계를 머릿속에 그려본 후 아래와 같이 [그림말]로 연결해서 말해야 합니다.

$$[\text{이름말}] + [\text{그림말(전치사)}] + [\text{이름말}]$$

그렇다면, [이름말]에 담겨 있는 [사연]과 [이름말]이 만났을 땐 영어로 어떻게 표현해야 할까요? 아래의 예시를 한번 살펴봅시다.

내가 좋아하는 음식
↓
내가 = I + 좋아하는 = like + 음식 = food
↓
I like food
엥? [나는 음식을 좋아한다]라는 뜻의 [문장]이 돼 버렸잖아?

따라서 [사연]과 [이름말]이 만났을 때 [영어 문장]이 돼 버리지 않게 하려면 [이름말] 뒤에 [사연접착제 = that]을 발라 괄호를 열고 **사연을 덧붙이는 구조**로 말해야 합니다. 바로 아래와 같이 말이죠.

그리고 [A=B] 문장 구조 등에 넣어 연습하면 입에 더 착! 붙겠죠?

The food that I like is 자장면. = 내가 좋아하는 음식은 자장면이야.

She is the actress that I hate. = 그녀는 내가 싫어하는 여배우야.

01 이것은 내가 좋아하는 꽃이야.

이것은 (내가 좋아하는) 꽃이야.

꽃 (_____ 는)

the flower (that _____)

↑
I like
내가 좋아한다

This is **the flower that I like**.

02 쟤가 내가 좋아하는 그 남자야.

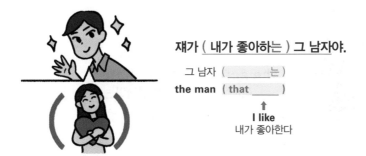

쟤가 (내가 좋아하는) 그 남자야.

그 남자 (_____ 는)

the man (that _____)

↑
I like
내가 좋아한다

That is **the man that I like**.

03 이것은 내가 좋아하는 자장면이야.

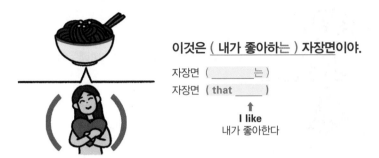

이것은 (내가 좋아하는) 자장면이야.

자장면 (_____는)
자장면 (that _____)
↑
I like
내가 좋아한다

This is 자장면 that I like.

04 이것은 내가 싫어하는 음식이야.

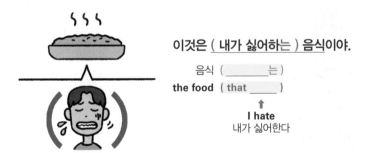

이것은 (내가 싫어하는) 음식이야.

음식 (_____는)
the food (that _____)
↑
I hate
내가 싫어한다

This is the food that I hate.

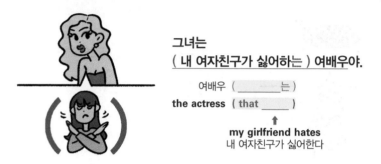

그녀는
(내 여자친구가 싫어하는) 여배우야.

여배우 (_____ 는)
the actress (that _____)
↑
my girlfriend hates
내 여자친구가 싫어한다

She is
the actress that my girlfriend hates.

* 내 여자 친구 = my girlfriend

그는
(내가 아는) 가장 똑똑한 남자야.

가장 똑똑한 남자 (_____ 는)
the smartest man (that _____)
↑
I know
내가 안다

He is
the smartest man that I know.

* 가장 똑똑한 남자 = the smartest man / 알다 = know

07 난 너와 나누었던 사랑이 그리워.

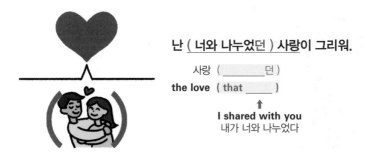

난 (너와 나누었던) 사랑이 그리워.

사랑 (_____던)
the love (that _____)
↑
I shared with you
내가 너와 나누었다

I miss
the love that I shared with you.

* 그리워하다 = miss / 나누다 = share (과거형은 shared)

08 내가 너에게 줬던 그 돈을 내게 보여 줘.

(내가 너에게 줬던) 그 돈을
내게 보여 줘.

그 돈 (_____던)
the money (that _____)
↑
I gave you
내가 너에게 줬다

Show me
the money that I gave you.

* B를 A에게 주다[보여 주다] = give[show] A B (give의 과거형은 gave)

(내가 어제 사-ㄴ) 그 테이블
위에 올려 줘.

그 테이블 (_____한)
the table (that _____)
↑
I bought yesterday
내가 어제 샀다

**Put it
on the table that I bought yesterday.**

* ~(면) 위에 올려 놔. = Put in on ~. / 사다 = buy (과거형은 bought)

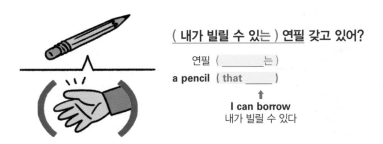

(내가 빌릴 수 있는) 연필 갖고 있어?

연필 (_____는)
a pencil (that _____)
↑
I can borrow
내가 빌릴 수 있다

**Do you have
a pencil that I can borrow?**

* 너 ~을 갖고 있어? = Do you have ~? / 내가 ~을 빌릴 수 있다. = I can borrow ~.

5·5·5 연습

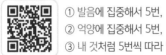

① 발음에 집중해서 5번,
② 억양에 집중해서 5번,
③ 내 것처럼 5번씩 따라 말하기

MP3_103

연속 듣기

5·5·5 연습이 끝난 후
한 번에 쭉~ 연이어 듣고
문장 곱씹기

MP3_104

01 This is <u>the flower that I like</u>.

발음	억양	내것
正	正	正

02 That is <u>the man that I like</u>.

발음	억양	내것
正	正	正

03 This is <u>자장면 that I like</u>.

발음	억양	내것
正	正	正

04 This is <u>the food that I hate</u>.

발음	억양	내것
正	正	正

05 She is <u>the actress that my girlfriend hates</u>.

발음	억양	내것
正	正	正

06 He is <u>the smartest man that I know</u>.

발음	억양	내것
正	正	正

07 I miss <u>the love that I shared with you</u>.

발음	억양	내것
正	正	正

08 Show me <u>the money that I gave you</u>.

발음	억양	내것
正	正	正

09 Put it on <u>the table that I bought yesterday</u>.

발음	억양	내것
正	正	正

10 Do you have <u>a pencil that I can borrow</u>?

발음	억양	내것
正	正	正

문장 10개에 이어 아래의 한글 표현 & 문장들을 영어로 바꿔 말해 봅시다.

11 이게 그 사람이 내게 준 꽃이야.

> A에게 B를 주다 = give A B (과거형은 gave)

12 이게 네가 좋아하는 그 꽃이야?

> 이게 ~야? = Is this ~?

13 저건 내가 좋아하는 남자가 아니야.

> 저건 ~가 아니야. = That is not ~.

14 저 사람이 네가 봤던 그 남자니?

> 저게[저 사람이] ~야? = Is that ~?

15 이게 그가 만든 자장면이니?

> 만들다 = make (과거형은 made)

16 이게 네가 주문한 자장면이니?

> 주문하다 = order (과거형은 ordered)

17 이거 내가 (한때) 싫어했던 음식이야.

> (한때) ~했다 = used to ~ / 싫어하다 = hate

18 내가 (한때) 싫어했던 음식은 이거야.

> A는 이거야. = A is this.

19 그녀가 네가 좋아하는 여배우니?

> 그녀가 ~이니? = Is she ~? / 여배우 = actress

20 그녀는 내가 좋아했던 여배우야.

> like(좋아하다)의 과거형은 liked

11   This is <u>the flower that he gave me</u>.

발음   억양   내것
正   正   正

12   Is this <u>the flower that you like</u>?

발음   억양   내것
正   正   正

13   That is not <u>the man that I like</u>.

발음   억양   내것
正   正   正

14   Is that <u>the man that you saw</u>?

발음   억양   내것
正   正   正

15   Is this <u>자장면 that he made</u>?

발음   억양   내것
正   正   正

16   Is this <u>the 자장면 that you ordered</u>?

발음   억양   내것
正   正   正

17   This is <u>the food that I used to hate</u>.

발음   억양   내것
正   正   正

18   <u>The food that I used to hate</u> is this.

발음   억양   내것
正   正   正

19   Is she <u>the actress that you like</u>?

발음   억양   내것
正   正   正

20   She is <u>the actress that I liked</u>.

발음   억양   내것
正   正   正

Wait! 아직 안 끝났어요!

조금만 더 분발해 입근육을 쫙~ 풀어 봅시다!

21 그녀는 내가 아는 가장 키가 큰 여자야.

> 가장 키가 큰 여자 = the tallest woman / 알다 = know

22 내가 아는 가장 비싼 펜이야.

> 가장 비싼 펜 = the most expensive pen

23 너와 나누었던 음식을 기억해.

> 기억하다 = remember

24 우리가 필요로 하는 규칙을 만들었어.

> 만들다 = make (과거형은 made) / 규칙 = rule / 필요하다 = need

25 네가 아는 비밀을 내게 알려 줘.

> ~을 내게 말해[알려] 줘. = Tell me ~. / 비밀 = secret

26 내게 너에게 준 책을 내게 줘.

> ~을 내게 줘. = Give me ~. / 책 = book

27 너에게 보여 줬던 책상 아래에 둬.

> ~아래에 둬. = Put it under ~. / A에게 B를 보여 주다 = show A B (과거형은 showed)

28 당신이 선택한 박스에 넣으세요.

> ~에 넣으세요. = Put it in ~. / 선택하다 = choose (과거형은 chose)

29 내가 빌릴 수 있는 돈 좀 있어?

> 너 ~가 좀 있어? = Do you have some ~? / 빌릴 수 있다 = can borrow

30 제가 살 수 있는 (그 어떤) 티켓들이 있을까요?

> 그 어떤 ~들이 있을까요? = Are there any ~? / 살 수 있다 = can buy

21 She is <u>the tallest woman that</u> I know.

발음 억양 내것
正   正   正

22 It is <u>the most expensive pen that</u> I know.

발음 억양 내것
正   正   正

23 I remember <u>the food that</u> I shared with you.

발음 억양 내것
正   正   正

24 I made <u>the rule that</u> we need.

발음 억양 내것
正   正   正

25 Tell me <u>the secret that</u> you know.

발음 억양 내것
正   正   正

26 Give me <u>the book that</u> I gave you.

발음 억양 내것
正   正   正

27 Put it under <u>the desk that</u> I showed you.

발음 억양 내것
正   正   正

28 Put it in <u>the box that</u> you chose.

발음 억양 내것
正   正   正

29 Do you have <u>some money that</u> I can borrow?

발음 억양 내것
正   正   正

30 Are there <u>any tickets that</u> I can buy?

발음 억양 내것
正   正   正

Be the change
that you want to see in the world.

당신이 세상에서 보고 싶은
변화가 되어라.

19

that

이렇게 배웠다

**목적격
관계대명사
[that] 생략 가능**

국영법은 이렇게 알려준다

자연스러운
사연 소개

전 시간에 우린 사연접착제 [that]에 대해 배웠습니다. 그런데 이 [that]은 말할 때 '생략'하는 것이 가능합니다. 문법책에선 '목적격 관계대명사 [that]은 생략 가능하다'라고 배우지만, 우린 아래와 같은 관점으로 접근할 것입니다.

자연스러운 사연 소개

이름말 ┈┈ that ┈┈ 사연

언젠가 영화를 보다가 아래와 같은 표현이 나왔었습니다. 한번 볼까요?

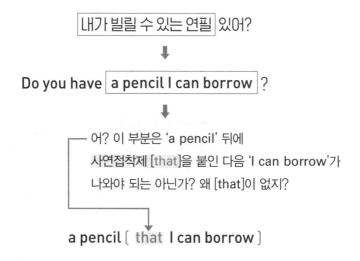

| 내가 빌릴 수 있는 연필 | 있어?

↓

Do you have | a pencil I can borrow | ?

↓

┌─ 어? 이 부분은 'a pencil' 뒤에
│   사연접착제 [that]을 붙인 다음 'I can borrow'가
│   나와야 되는 아닌가? 왜 [that]이 없지?
└──────────→

a pencil [that I can borrow]

실제 원어민들은 [that] 없이 말하는 경우가 굉장히 많습니다. 그럼 어떻게 [that] 없어도 자연스럽게 한 덩어리로 인식될 수 있을까요?

a pencil I can borrow

'a pencil I' 부분이 한 덩어리처럼 빠르게 읽히네?
아~ 그럼 이건 [that]이 생략된
하나의 의미 덩어리 겠구나!

따라서 [that] 없이도 '하나의 의미 덩어리'로 자연스럽게 말할 수 있습니다.

(내가 주문한) 음식
the food (that I ordered)
the food I ordered
내가 주문한 음식

(내가 원하는) 것
something (that I want)
something I want
내가 원하는 것

아래의 문장들은 위 표현들이 포함된 실제 영화에서 발췌한 문장들입니다. [that] 없이도 물 흐르듯 자연스럽게 말하고 있는 게 보이시죠?

This is not the food I ordered. = 이건 제가 주문한 음식이 아닙니다.

You have something I want. = 넌 내가 원하는 걸 가지고 있어.

01 내가 빌릴 수 있는 연필 있어?

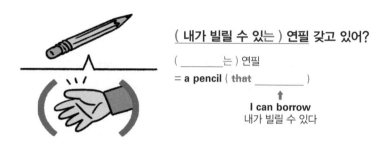

(내가 빌릴 수 있는) 연필 갖고 있어?

(_____는) 연필

= a pencil (~~that~~ _____)

↑
I can borrow
내가 빌릴 수 있다

Do you have <u>a pencil I can borrow</u>?

* 너 ~을 갖고 있어? = Do you have ~?

02 넌 내가 원하는 걸 가지고 있어.

너는 (내가 원하는) 것을 가지고 있어.

(_____는) 것

= something (~~that~~ _____)

↑
I want
내가 원한다

You have <u>something I want</u>.

* 넌 ~을 가지고 있어. = You have ~. / 것, 일 = something

292

이건 (제가 주문한) 음식이 아닙니다.

(_____한) 음식
= the food (~~that~~ _____)
↑
I ordered
제가 주문했다

This is not the food I ordered.

* 이건 ~이 아닙니다. = This is not ~. / 주문하다 = order (과거형은 ordered)

(내가 널 위해 쓰-ㄴ) 노래야.

(_____한) 노래
= a song (~~that~~ _____)
↑
I wrote for you
내가 널 위해 썼다

It's a song I wrote for you.

* 쓰다 = write (과거형은 wrote) / 널 위해[떠올리며] = for you

5 이것이 우리가 가진 큰 문제야.

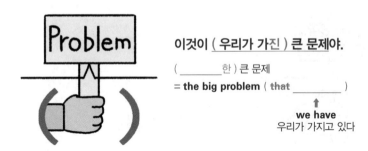

이것이 (<u>우리가 가진</u>) 큰 문제야.

(_____한) 큰 문제

= the big problem (~~that~~ _____)

↑
we have
우리가 가지고 있다

This is <u>the big problem we have</u>.

* 큰 = big / 문제 = problem / 가지고 있다 = have

6 너가 원하는 걸 해.

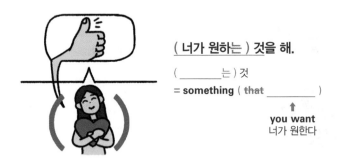

(<u>너가 원하는</u>) 것을 해.

(_____는) 것

= something (~~that~~ _____)

↑
you want
너가 원한다

Do <u>something you want</u>.

* ~을 하라[해]. = Do ~.

07 너가 하는 일을 사랑하도록 해.

(너가 하는) 일을 사랑하도록 해.

(_____ 는) 일

= something (~~that~~ _____)

↑
you do
너가 한다

Love <u>something you do</u>.

* ~을 사랑하래[하도록 해]. = Love ~.

08 내가 연주하는 음악 마음에 들어?

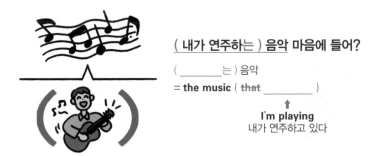

(내가 연주하는) 음악 마음에 들어?

(_____ 는) 음악

= the music (~~that~~ _____)

↑
I'm playing
내가 연주하고 있다

Do you like <u>the music I'm playing</u>?

* 너는 ~가 마음에 들어? = Do you like ~? / 연주하고 있는 = playing

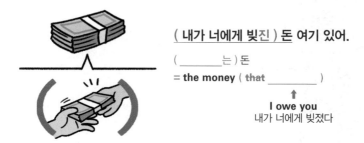

(내가 너에게 빚진) 돈 여기 있어.

(_____는) 돈

= the money (~~that~~ _____)

↑

I owe you
내가 너에게 빚졌다

Here's <u>the money I owe you</u>.

* ~가 여기 있어. = Here's ~. / A에게 B를 빚지다 = owe A B

---

10 저 사람 내가 봤던 그 남자야.

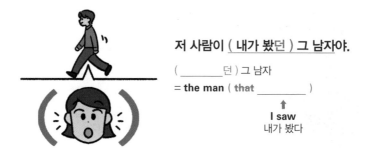

저 사람이 (내가 봤던) 그 남자야.

(_____던) 그 남자

= the man (~~that~~ _____)

↑

I saw
내가 봤다

That's <u>the man I saw</u>.

* 저게[저 사람이] ~야. = That's ~. / 보다 = see (과거형은 saw)

01 Do you have <u>a pencil I can borrow</u>?

발음	억양	내것
正	正	正

02 You have <u>something I want</u>.

발음	억양	내것
正	正	正

03 This is not <u>the food I ordered</u>.

발음	억양	내것
正	正	正

04 It's <u>a song I wrote for you</u>.

발음	억양	내것
正	正	正

05 This is <u>the big problem we have</u>.

발음	억양	내것
正	正	正

06 Do <u>something you want</u>.

발음	억양	내것
正	正	正

07 Love <u>something you do</u>.

발음	억양	내것
正	正	正

08 Do you like <u>the music I'm playing</u>?

발음	억양	내것
正	正	正

09 Here's <u>the money I owe you</u>.

발음	억양	내것
正	正	正

10 That's <u>the man I saw</u>.

발음	억양	내것
正	正	正

문장 10개에 이어 아래의 한글 표현 & 문장들을 영어로 바꿔 말해 봅시다.

11 내가 빌릴 수 있는 돈 좀 있어?

> 너 ~이 좀 있어? = Do you have some ~? / 빌릴 수 있다 = can borrow

12 제가 살 수 있는 (그 어떤) 티켓들이 있을까요?

> 그 어떤 ~들이 있을까요? = Are there any ~? / 살 수 있다 = can buy

13 난 네가 원하는 걸 가지고 있어.

> 나는 ~을 가지고 있어. = I have ~. / 원하다 = want

14 네가 원하는 (그 어떤) 거라도 있니?

> ~이(라도) 있니? = Is there ~? / 그 어떤 것 = anything

15 당신이 주문한 음식 여기 있습니다.

> ~가 여기 있습니다. = Here's ~. / 주문하다 = order (과거형은 ordered)

16 이게 당신이 주문한 음식이 맞나요?

> 이게 ~인가요(맞나요)? = Is this ~?

17 내가 널 위해 만든 케이크야.

> ~을 위해[떠올리며] 만들다 = make for ~ (과거형은 made for ~)

18 날 위해 네가 그린 그림이니?

> 그림 = picture / ~을 위해[떠올리며] 그리다 = draw for ~ (과거형은 drew for ~)

19 이게 제가 가진 큰 문제입니다.

> 큰 문제 = big problem / 가지고 있다 = have

20 이게 네가 가진 강점(들)이야.

> 이것들이 ~야. = These are ~. / 강점들 = strong points

11   Do you have <u>some money I can borrow</u>?

발음 억양 내것
正 正 正

12   Are there <u>any tickets I can buy</u>?

발음 억양 내것
正 正 正

13   I have <u>something you want</u>.

발음 억양 내것
正 正 正

14   Is there <u>anything you want</u>?

발음 억양 내것
正 正 正

15   Here's <u>the food you ordered</u>.

발음 억양 내것
正 正 正

16   Is this <u>the food you ordered</u>?

발음 억양 내것
正 正 正

17   It's <u>a cake I made for you</u>.

발음 억양 내것
正 正 正

18   Is it <u>a picture you drew for me</u>?

발음 억양 내것
正 正 正

19   This is <u>the big problem I have</u>.

발음 억양 내것
正 正 正

20   These are <u>the strong points you have</u>.

발음 억양 내것
正 正 正

Wait! 아직 안 끝났어요!

조금만 더 분발해 입근육을 쫙~ 풀어 봅시다!

21 네가 필요한 걸 해.

~을 하라[해]. = Do ~. / 것, 무엇 = something / 필요하다 = need

22 미래의 네 자신이 너에게 고마워할 뭔가를 해.

미래의 너 자신 = your future self / A에게 B를 고마워하다 = thank A for B

23 네가 했던 걸 사랑하도록 해.

하다 = do (과거형은 did)

24 네가 할 것을 사랑하도록 해.

~할 것이다 = will ~

25 내가 널 위해 만든 노래 좋아?

너는 ~가 좋아? = Do you like ~? / 노래 = song

26 그가 그의 아내를 위해 만든 건물이야.

건물 = building / 그의 아내 = his wife

27 여기 네가 나에게 줬던 키야.

열쇠, 키 = key / A에게 B를 주다 = give A B (과거형은 gave)

28 이게 네가 나에게 빚진 돈이니?

A에게 B를 빚지다 = owe A B

29 저 사람이 네가 봤던 그 남자니?

저것이[저 사람이] ~이니? = Is that ~? / 보다 = see (과거형은 saw)

30 저게 내가 꿈에 그렸던 집이야.

집 = house / ~을 꿈에 그리다 = dream of ~ (과거형은 dreamed of ~)

300

		발음	억양	내것

21 Do <u>something you need</u>.

발음 억양 내것
正 正 正

22 Do <u>something your future self</u> <u>will thank you for</u>.

발음 억양 내것
正 正 正

23 Love <u>something you did</u>.

발음 억양 내것
正 正 正

24 Love <u>something you will do</u>.

발음 억양 내것
正 正 正

25 Do you like <u>the song I made for you</u>?

발음 억양 내것
正 正 正

26 It's <u>the building he made for his wife</u>.

발음 억양 내것
正 正 正

27 Here's <u>the key you gave me</u>.

발음 억양 내것
正 正 正

28 Is this <u>the money you owe me</u>?

발음 억양 내것
正 正 正

29 Is <u>that the man you saw</u>?

발음 억양 내것
正 正 正

30 That's <u>the house I dreamed of</u>.

발음 억양 내것
正 正 正

**The best gift is
the job you love.**

최고의 선물은
당신이 사랑하는 직업이다.

20

that

이렇게 배웠다

주격
관계대명사

국영법은 이렇게 알려준다

이상형
말하기

문법책에서 [주격관계대명사]란 용어를 들어 보신 적이 있을 겁니다. 하지만 우린 [주격관계대명사]를 아래와 같은 관점으로 접근해 보겠습니다.

이상형 말하기 게임

이상형 — that — 사연

사연접착제 [that]으로 이상형인 남자를 묘사해 봅시다. '남자(a man)' 뒤에 [that]으로 괄호를 열고 이상형의 조건을 덧붙이면 되겠죠?

a man [that _____]

loves me 나를 사랑한다
makes me happy 나를 행복하게 만든다
has a great smile 멋진 미소를 가지고 있다

그런데 우리가 이상형을 묘사할 땐, 주로 '이상형이 하는 행동'을 나열하며 묘사합니다. 이 말은 즉 **[이상형(이름말)]** + that + **[이상형(이름말)]이 하는 행동**과 같은 구조로 묘사하게 된다는 거죠. 이 경우 사연접착제 [that] 뒤엔 [이름말]이 하는 [행동(동사)]가 바로 나오게 됩니다.

그런데 [that] 뒤에 [행동(동사)]가 바로 나오는 경우 [that]은 생략 불가능합
니다. [that]이 생략되면 **[문장]이 돼 버리니까요.** 예를 들어, [a man ~~that~~ loves
me]에서 [that]이 생략되면 [남자가 나를 사랑한다]라는 뜻의 [문장]이 돼 버립니
다. 따라서 [이름말]이 직접 무엇을 하는 사연이 오면 [that]이 꼭 있어야 합니다.

(<u>나를 좋아하는</u>) 친구
the friend (that <u>likes me</u>)
▼
생략 불가능

(<u>사람들을 행복하게 만드는</u>) 음악
music (that <u>makes people happy</u>)
▼
생략 불가능

그리고 [that]은 [who]나 [which]로 쓰이기도 하는데요. 이 둘은 소통에 있어 오
해를 줄일 때 효과적으로 쓰이며 [<u>who</u>]는 [사람], [<u>which</u>]는 [사물]에 사연을 붙일
때 쓰입니다. 하지만 가장 만만한 것은 [that]이니 초보자들은 [who / which]가 무
엇인지만 알아 두고 말할 땐 [that]을 쓰시면 편합니다.

Sydney who I like
내가 좋아하는 시드니(란 사람)
호주의 도시 시드니가 아니라 시드니란 이름의 사람

Tom which I use
내가 사용하는 Tom(이란 사물)
Tom이란 이름의 사람이 아니라 Tom이라 불리는 사물

01 나를 좋아하는 친구

(나를 좋아하는) 친구

The friend (that ____)
↑
likes me
나를 좋아한다

The friend that likes me

* 주어가 'I, You'를 제외한 단수일 땐 동사 끝에 '-(e)s'를 붙임.

02 한 여자를 사랑하는 한 남자

(한 여자를 사랑하는) 한 남자

A man (who ____)
↑
loves a woman
한 여자를 사랑한다

A man who loves a woman

(모든 것을 가진) 한 남자

A man (who _____)

↑

has everything
모든 것을 가지고 있다

A man who has everything

* 주어가 'I, You'를 제외한 단수일 땐 have → has / 모든 것 = everything

(사람들을 행복하게 만드는) 음악

Music (that _____)

↑

makes people happy
사람들을 행복하게 만든다

Music that makes people happy

* A를 B로[하게] 만들다 = make A B / 행복한 = happy

05 믿음을 가진 사람들

(믿음을 가진) 사람들

People (who _____)
↑
have faith
믿음을 가지고 있다

People who have faith

* 믿음, 신념 = faith

06 나에게 특별한 힘을 주는 마술펜이야.

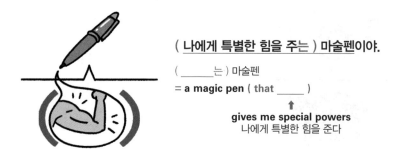

(나에게 특별한 힘을 주는) 마술펜이야.

(_____ 는) 마술펜
= a magic pen (that _____)
↑
gives me special powers
나에게 특별한 힘을 준다

It's
a magic pen that gives me special powers.

* A에게 B를 주다 = give A B / 특별한 힘 = special powers

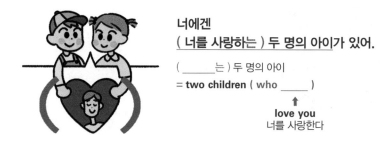

너에겐
(너를 사랑하는) 두 명의 아이가 있어.

(_____는) 두 명의 아이
= two children (who _____)

↑
love you
너를 사랑한다

You have
two children who love you.

* 너에겐 ~이 있어. = You have ~. / 아이들 = children

나는 (항상 이야기하는) 사람들을
좋아하지 않아.

(_____는) 사람들
= people (who _____)

↑
talk all the time
항상 이야기한다

I don't like
people who talk all the time.

* 이야기하다 = talk / 항상, 늘 = all the time

09 여기 너를 도와줄 수 있는 어떤 사람이 있어.

여기
(너를 도와줄 수 있는) 어떤 사람이 있어.

(_____는) 어떤 사람
= someone (who _____)
↑
can help you
너를 도와줄 수 있다

Here's
someone who can help you.

* 여기 ～이 있어. = Here's ～. / A를 도울 수 있다 = can help A

---

10 나 이렇게 시작되었던 영화 본 적 있어.

나
(이렇게 시작되었던) 영화 본 적 있어.

(_____던) 영화
= a movie (that _____)
↑
started like this
이렇게 시작되었다

I saw
a movie that started like this.

* 시작하다 = start (과거형은 started) / 이와 같이, 이렇게 = like this

5·5·5 연습

① 발음에 집중해서 5번,
② 억양에 집중해서 5번,
③ 내 것처럼 5번씩 따라 말하기

MP3_115

연속 듣기

5·5·5 연습이 끝난 후
한 번에 쭉~ 연이어 듣고
문장 곱씹기

MP3_116

01 A friend <u>that likes me</u>

발음	억양	내것
正	正	正

02 A man <u>who loves a woman</u>

발음	억양	내것
正	正	正

03 A man <u>who has everything</u>

발음	억양	내것
正	正	正

04 Music <u>that makes people happy</u>

발음	억양	내것
正	正	正

05 <u>People who have faith</u>

발음	억양	내것
正	正	正

06 It's <u>a magic pen that gives me special powers</u>.

발음	억양	내것
正	正	正

07 You have <u>two children who love you</u>.

발음	억양	내것
正	正	正

08 I don't like <u>people who talk all the time</u>.

발음	억양	내것
正	正	正

09 Here's <u>someone who can help you</u>.

발음	억양	내것
正	正	正

10 I saw <u>a movie that started like this</u>.

발음	억양	내것
正	正	正

문장 10개에 이어 아래의 한글 표현 & 문장들을 영어로 바꿔 말해 봅시다.

11 나를 싫어하는 친구 (that 사용)

> 친구 = friend / 싫어하다 = hate

12 나를 도와줬던 친구 (that 사용)

> 도와주다 = help (과거형은 helped)

13 한 소년을 사랑하는 한 소녀 (who 사용)

> 소녀 = girl / 사랑하다 = love / 소년 = boy

14 열정을 가진 노인 (who 사용)

> 노인 = old man / 가지다 = have / 열정 = passion

15 가진 게 없는 한 남자 (who 사용)

> 아무것도 없다, 가진 게 없다 = have nothing

16 1992년에 태어난 한 여자 (who 사용)

> ~(년도)에 태어났다 = was born in ~

17 많은 비밀을 가지고 있는 영화 (that 사용)

> 영화 = movie / 많은 비밀 = a lot of secrets

18 나에게 힘을 주는 노래 (that 사용)

> 노래 = song / A에게 B를 주다 = give A B / 힘 = energy

19 애완동물이 있는 사람들 (who 사용)

> 사람들 = people / 애완동물 = pet

20 코딩을 배우고 싶은 아이들 (who 사용)

> 아이들 = children / ~하고 싶다 = want to ~ / 배우다 = learn

11 A friend <u>that hates me</u>

발음 억양 내것
正 正 正

12 A friend <u>that helped me</u>

발음 억양 내것
正 正 正

13 A girl <u>who loves a boy</u>

발음 억양 내것
正 正 正

14 An old man <u>who has passion</u>

발음 억양 내것
正 正 正

15 A man <u>who has nothing</u>

발음 억양 내것
正 正 正

16 A woman <u>who was born in 1992</u>

발음 억양 내것
正 正 正

17 A movie <u>that has a lot of secrets</u>

발음 억양 내것
正 正 正

18 A song <u>that gives me energy</u>

발음 억양 내것
正 正 正

19 People <u>who have pets</u>

발음 억양 내것
正 正 正

20 Children <u>who want to learn coding</u>

발음 억양 내것
正 正 正

Wait! 아직 안 끝났어요!

조금만 더 분발해 입근육을 짝~ 풀어 봅시다!

21 엄청 빨리 달리는(움직이는) 슈퍼카야. (that 사용)

슈퍼카 = super car / 움직이다 = move / 엄청 빨리 = super fast

22 하늘로 높이 날아오르는 드론이야. (that 사용)

드론 = drone / 날다 = fly / 하늘 높이 = high up in the sky

23 너 멀쩡한(잘 작동되는) 차가 있잖아? (which 사용)

차 = car / 작동되다 = work / 잘 = well

24 널 챙기는 친구가 있니? (who 사용)

~을 신경 쓰다[챙기다] = care about ~

25 전 잘 먹는 사람들이 좋아요. (who 사용)

사람들 = people / 먹다 = eat / 잘 = well

26 전 친절한 사람들이 좋아요. (who 사용)

친절한 = kind

27 여기 널 좋아하는 어떤 사람이 있어. (who 사용)

어떤 사람 = someone

28 절 도와줄 분 계신가요? (who 사용)

~이 있나요[계신가요]? = Is there ~? / 도와주다 = help

29 이렇게 끝나는 책을 읽었어. (that 사용)

읽다 = read (과거형은 read) / 책 = book / 끝나다 = end

30 이렇게 진행되는 노래를 들었어. (that 사용)

듣다 = hear (과거형은 heard) / 노래 = song / (진행되어)가다 = go

21　It's <u>a super car that</u> moves super fast.

발음 억양 내것
正 正 正

22　It's <u>a drone that</u> flies high up in the sky.

발음 억양 내것
正 正 正

23　You have <u>a car which</u> works well.

발음 억양 내것
正 正 正

24　Do you have <u>a friend who</u> cares about you?

발음 억양 내것
正 正 正

25　I like <u>people who</u> eat well.

발음 억양 내것
正 正 正

26　I like <u>people who</u> are kind.

발음 억양 내것
正 正 正

27　Here's <u>someone who</u> likes you.

발음 억양 내것
正 正 正

28　Is there <u>somebody who</u> can help me?

발음 억양 내것
正 正 正

29　I read <u>a book that</u> ends like this.

발음 억양 내것
正 正 正

30　I heard <u>a song that</u> goes like this.

발음 억양 내것
正 正 正

**Do one thing everyday
that makes you happy.**

매일 당신을 행복하게 하는
한 가지 일을 하라.